dumont taschenbücher

Marvin Grosswirth, Abbie Salny
und die Mitglieder von »Mensa«

Phantastische
Mensa ~ Rätsel

Wer ist ein
Genie?
Ein privater
›Intelligenztest‹

Quiz~und Fangfragen,
verblüffende Lösungen!

Mit einer Einführung
von Isaac Asimov

DuMont Buchverlag Köln

Aus
dem Amerikanischen
von Margot Seewi

© 1981 by Marvin Grosswirth
© 1985 der deutschsprachigen Ausgabe by DuMont Buchverlag, Köln
Alle deutschsprachigen Rechte vorbehalten
Die Originalausgabe diese Buches erschien unter dem Titel »The Mensa
Genius Quiz Book« im Verlag Addison-Wesley, Massachusetts
Satz und Druck: Rasch, Bramsche
Buchbinderische Verarbeitung: Bramscher Buchbinder Betriebe

Printed in Germany   ISBN 3-7701-1733-6

Inhalt

Danksagung

Damit Sie gleich wissen, auf wen Sie die Schuld schieben können: Alle Quizfragen und Angaben, die sich auf IQ-Tests und das Testen im allgemeinen beziehen, wurden von der Mensa-Psychologin Dr. Abbie Salny zur Verfügung gestellt. Das Drumherum steuerte der Mensa-Public-Relations-Berater Marvin Grosswirth bei (mit Ausnahme der Einführung, die in Gemeinschaftsarbeit entstand, und des Beitrags von Isaac Asimov natürlich).

Und damit Sie auch wissen, wem wir zu Dank verpflichtet sind, möchten wir uns hier ganz herzlich bedanken bei den etwa hundert Mensanern, die sich bei ihrer jährlichen Zusammenkunft extra die Zeit genommen haben, an den Tests teilzunehmen. Besonderer Dank gilt denen, die uns auf kleine Ungereimtheiten aufmerksam gemacht haben (die daraufhin geändert wurden) und die auf eine völlig mißverständliche Frage hingewiesen haben, die dann durch eine andere ersetzt wurde. Dank auch an die Mensaner, die die neue Frage ausgetestet haben.

Überall in diesem Buch werden Sie Beiträge von Mensa-Mitgliedern finden, die alle namentlich genannt werden. Wir sind dankbar für ihre Bemühungen, so wie wir auch all denen danken, die unserer Aufforderung nachgekommen sind, etwas beizusteuern, deren Beiträge wir aber aus Platzmangel nicht verwenden konnten, obwohl sie allesamt interessant und nützlich waren.

Jede Mensa-Ortsgruppe hat einen Ortsvorsitzenden, und fast jede Gruppe gibt ein eigenes Rundschreiben heraus. Wir sind allen Ortsvorsitzenden und den Herausgebern der Rundschreiben zu Dank verpflichtet, daß sie über die Vorbereitung dieses Buches berichtet haben und auch darüber, daß wir von den Mitgliedern gern wissen wollten, auf welche Weise sie ihren Verstand schärfen.

Das Buch hätte nicht erscheinen können ohne die Mitwirkung des American Mensa Committee und seines Vorstandsvorsitzenden Gabriel Werba. Ebenso bedanken wir uns sehr herzlich bei dem kleinen, mit Arbeit überlasteten Mitarbeiterstab des Mensa-Büros unter der Leitung von Margot Seitelman für seine Unterstützung und Mitarbeit.

Vor allem aber gilt unser Dank, und – auf die Gefahr hin, rührselig zu klingen – unsere Liebe allen Mitgliedern von Mensa, den schüchternen und den ungestümen, den jungen und den jung gebliebenen, den genialen und den Spinnern, den Doktoren und den Hausmeistern, den Polizisten und den Verbrechern, den Geistlichen und den Managern, den Lehrern und den Schülern, den Psychologen und den Schriftstellern (ja, sogar denen!) – all denen, die mehr getan haben, als bloß Bausteine zu diesem Buch beizusteuern. Sie haben, durch ihre Existenz und durch ihre Mitgliedschaft in Mensa unser Leben und unseren Horizont erweitert.

Wir geben zu, es ist nur eine kleine Belohnung, aber wir wollen versuchen, wenigstens einen Teil unserer Schuld zurückzuzahlen. Alle Tantiemen dieses Buches gehen an den Mensa-Scholarship-Fund. Dieses Buch ist Ihnen allen gewidmet.

Juli 1981

Marvin Grosswirth
Abbie F. Salny

Der Spaß an Rätselfragen

von Isaac Asimov

Dieses Buch enthält Fragen – viele Fragen jeglicher Art.

Wenn Sie sich hinsetzen, um eine nach der anderen zu lesen, werden Sie wohl nicht viel Freude daran haben. Es wäre so spannend wie die Lektüre des Telefonbuchs.

Nein. Der Spaß kommt erst, wenn Sie versuchen, die Fragen selbst zu beantworten. Je schwerer die Frage ist, desto mehr Spaß macht es, vorausgesetzt, Sie finden am Ende die Antwort. (Ich meine nicht am Ende des Buches!)

Was mich betrifft: Ich weiß, wenn ich die Antwort nicht sofort finde, finde ich sie meistens überhaupt nicht. Ich neige dazu, schnell aufzugeben, und dadurch – das muß ich leider eingestehen –, habe ich mich selbst schon oft um eine Menge Spaß gebracht.

Zum Beispiel habe ich mir einmal ein kleines Rätsel ausgedacht, von dem ich sicher war, es würde fast jeden verblüffen. Es ging so: »Nenne ein gebräuchliches englisches Wort, das irgendwo, am Anfang, in der Mitte, oder am Ende, die Buchstabenfolge U–F–A enthalten sollte.«

Es gibt nur *ein* gebräuchliches englisches Wort (mit grammatikalischen Abwandlungen), das diese Bedingung erfüllt. Ich stellte fest, daß die Leute aus irgendwelchen Gründen nicht darauf kommen und aufgeben.

Ich hatte etwa ein Dutzend Leute danach gefragt, doch elf gaben schon nach fünf oder zehn Minuten auf. Sie hatten sicher Freude am Rätsel gehabt und erlebten dann die bittere Enttäuschung. Einer aus der Gruppe wollte nicht aufgeben und widerstand auch eisern meinem Angebot, die Frage zu beantworten. So flüsterte ich den anderen elf der Reihe nach die Antwort ins Ohr. Der Abend ging zu Ende, der zwölfte blieb standhaft, und ich vergaß die ganze Sache. Das war am Freitag.

Am Sonntag morgen, ziemlich früh, klingelte das Telefon. Es war mein standhafter Freund. Er sagte mit beherrschter und fast gleichgültiger Stimme: »Das Wort, Isaac, ist ›manufacture‹«. Überrascht rief ich: »Donnerwetter, das stimmt!« Mit unüberhörbarem Triumph in der Stimme sagte er dann: »Du dachtest wohl, ich würde es nicht finden, stimmt's?«

Er spricht heute noch darüber.

Ich nehme an, er verbrachte eine schlaflose Nacht, einen unruhigen Tag, dann noch eine schlaflose Nacht; wahrscheinlich rätselte er und zerbrach sich unaufhörlich den Kopf über diese Buchstabenkombination, fühlte sich ausgelaugt und verstört und sah der Möglichkeit eines elenden Dahinsiechens in geistiger Umnachtung entgegen, bis ihm endlich, nachdem er den Knochen lang genug gekaut hatte, die Erleuchtung kam.

Und damit auch die Freude und Verzückung, daß das Nachdenken der Mühe wert gewesen war.

Ich wünschte, ich wäre auch so.

Das ist genau die Art von Leuten, für die dieses Buch bestimmt ist. Sicher kennen Sie auch andere Freuden, lieber Leser, aber bestimmt kein so intensives, nachhaltiges Vergnügen, das so gänzlich frei von schädlichen Nebenwirkungen ist.

Darüber hinaus sollten Sie noch ein ähnliches Vergnügen kennenlernen, nämlich das Erfinden von Rätseln, um Ihre Zuhörer zu verblüffen. Sie können sich nicht vorstellen, wie angenehm es ist, die magischen Worte zu hören: »Ich gebe auf.« Und dann kommt die große Genugtuung, wenn Sie die Antwort verkünden und sehen, wie alle Gesichter länger werden. Es ist befriedigender, als im Tennis oder Handball zu gewinnen, und Sie müssen sich dafür nicht mal abschwitzen.

Sie kennen schon mein U–F–A–Rätsel. Hier ist ein anderes: Welches Wort in der englischen Sprache wird anders ausgesprochen, sobald es groß geschrieben wird? Ich will Sie nicht lange raten lassen, versuchen Sie es mit »polish«.

Oder noch eins: Die Vereinigten Staaten haben eine Anzahl Städte, die mit dem Buchstaben »F« anfangen. Welche ist die größte? (Wenn Sie Filadelphia sagen, werden Sie bei Morgengrauen erschossen.) Die Antwort ist »Fort Worth, Texas«. Wenn Sie glauben, Sie hätten das rausgekriegt, versuchen Sie's mal mit G. Die Antwort überlasse ich Ihnen.

Oder angenommen, Sie buchstabieren die Zahlen Eins, Zwei, Drei und so weiter. Was ist die kleinste

Zahl, die den Buchstaben »a« enthält? Oder »b« oder »c« usw., das ganze Alphabet durch. Mit »a« haben Sie die Acht, mit »b« die Sieben, mit »c« die Sechs, aber mit »m« dürfte die kleinste Zahl schon eine Million sein, das gleiche gilt für »o«. Ich überlasse es Ihnen, eine Zahl mit »k« zu finden oder mit »q«.

Eine letzte Aufgabe: Es gibt im Deutschen nicht viele Wörter, die auf »ös« enden. Eins davon ist »skandalös«, ein anderes »ruinös«. Können Sie auf Anhieb noch zwei weitere nennen? Ich will's Ihnen nicht sagen.

Wenn es irgend etwas gibt, das den Spaß an Rätseln noch steigert, dann ist es das Gefühl des Wettbewerbs. In diesem Buch finden Sie Serien von Quizfragen, die einer Zufallsgruppe von Mensanern gestellt wurden (und von ihnen beantwortet wurden). Mensaner sind Mitglieder von Mensa, einer Organisation von Personen mit überdurchschnittlichem IQ. Aus einem unerfindlichen Grund bin ich einer der beiden ehrenamtlichen Vizepräsidenten.

Vergleichen Sie Ihre Ergebnisse mit denen der Mensaner und zeigen Sie's ihnen! (Diese Besserwisser denken, sie sind besonders klug, nicht wahr?) Wenn Sie sie tatsächlich geschlagen haben, was sehr gut möglich ist, dann sollten Sie sich überlegen, selbst Mensa-Mitglied zu werden.

Wenn Sie ein bißchen schlechter abschneiden, wird es Sie vielleicht interessieren, was Marvin Grosswirth dazu sagt, wie man seine Begabung für Rätsel ankurbeln kann. Er verkörpert den Inbegriff von Mensa-Intelligenz und -Tugend (zumindest meiner Meinung nach), und er hat Mensa-Mitglieder beobachtet, um zu verstehen, wie sie ihren Verstand schärfen und ihren geistigen Horizont erweitern.

Also, rein ins Vergnügen und Rätsel frei!

Sind Sie
ein heimliches Superhirn?

(und wissen es vielleicht gar nicht?)

Was ist die wirkliche Aufgabe dieses einmaligen Buches? Es könnte mehr sein, als die anregenden und unterhaltsamen Fragen erkennen lassen, die hier die Seiten füllen, Ihren Geist beflügeln und Ihr Hirn knistern lassen.

Die wirkliche Aufgabe könnte nämlich darin bestehen, daß Sie den einen oder anderen Hinweis auf Ihren eigenen IQ finden. Die PHANTASTISCHEN MENSARÄTSEL bieten Ihnen die Gelegenheit, Ihre Kräfte zu messen an Leuten, deren Intelligenzquotient in den oberen zwei Prozent des Bevölkerungsdurchschnitts liegt.

Könnten Sie tatsächlich ein Superhirn sein?

Carolina Varga Dinicu, eine orientalische Tänzerin, ist eins. Ebenso Isaac Asimov, Theodore Bikel, R. Buckminster Fuller, Leslie Charteris (Autor der »The Saint« – Krimis), Donald Petersen (Präsident der Ford Motor Company) und Zehntausende anderer Leute, vom Gymnasiasten bis zum Tischler oder Physiker. Vielleicht also auch Sie.

Der Plan zu diesem Buch begann mit der Absicht, es unterhaltsam zu machen und einfach (nicht zu verwechseln mit »leicht«).

Die Testfragen hier wurden mit dem Ziel entwickelt, ähnliche Fähigkeiten zu messen wie viele der echten IQ-Tests. Die Aufgaben sind in Blöcken zuammengefaßt mit Themen wie WORTSCHATZ (welcher vielleicht am meisten über die Intelligenz aussagt), ANALOGIEN (was Ihre Fähigkeiten testen soll, Zusammenhänge zu sehen), MATHEMATIK, BEWEISFÜHRUNG UND LOGIK, wo Ihr Vermögen getestet wird, logisch zu denken und bekannte Fakten richtig einzuordnen; dann gibt es noch zwei Aufgabenblöcke, die zwar hauptsächlich Spaß machen sollen, dennoch aber auch einen beachtlichen Wert haben als Indikatoren von Intelligenz: TRIVIALES und KLASSISCHE KLAMOTTEN. Triviale Fragen bilden eine gute Methode, Ihr Allgemeinwissen zu beurteilen. Viel lesen wird Ihnen dabei helfen. Unter KLASSISCHE KLAMOTTEN finden sich Denkaufgaben, die schon unzählige Jahre im Umlauf sind. Wir haben sie nicht nur deswegen aufgenommen, weil sie bei Partys unheimlich viel Spaß machen, sondern auch, um zu sehen, wie viele davon Sie noch kennen. Noch wichtiger: Wir haben sie gebracht, weil auch die, die Sie nicht kennen, nicht schwer zu lösen sind – mit Logik, sorgfältigem Lesen und ein bißchen Aufgeschlossenheit.

Um Zähneknirschen zu vermeiden, haben wir jeden Aufgabenblock in zwei Abschnitte unterteilt: Der erste bildet jeweils eine Art Übungsquiz, »Warmlauftest« genannt, wo Sie Ihr eigenes Tempo herausfinden können. Wenn Sie damit fertig sind, können Sie sich selber benoten und Ihre eigenen Fähigkeiten einschätzen. (Natürlich hindert Sie niemand daran, sich auch ohne Übungsquiz gleich voll hineinzustürzen.)

Nach den »Warmlauftests« finden Sie kurze Abhandlungen über einige der philosophischen Aspekte von Intelligenz und Intelligenzmessung, zusammen mit – hoffentlich – nützlichen Anregungen von Mensa-Mitgliedern, die zeigen, wie man seine geistige Beweglichkeit entwickeln und verbessern kann.

Die zweite Hälfte jeder Themengruppe besteht aus Fragen, die Mensa-Mitgliedern bei ihrem Jahrestreffen in Louisville, Kentucky, im Juni 1981 gestellt wurden. Über hundert Mitglieder beteiligten sich an einem oder mehreren Tests, und mehr als zwanzig beteiligten sich an allen. Dort können Sie sich direkt mit den Mensa-Leuten messen (die Lösungszeiten notieren!).

Diese Testfragen erheben nicht den Anspruch, ein Standard-Intelligenztest zu sein. Wenn Sie jedoch bei jedem Quiz Ihre Ergebnisse mit denen der Mensa-Mitglieder vergleichen, können Sie schon abschätzen, ob Sie etwa so klug sind wie ein Durchschnitts-Mensaner. Das einzige Aufnahmekriterium für die Mensa-Mitgliedschaft ist der Nachweis eines Standard-IQ-Tests mit einem Ergebnis in den oberen zwei Prozent, gemessen an der Gesamtbevölkerung. Dies würde mindestens 132 Punkte nach der Stanford-Binet- und 130 Punkte auf der z. Zt. verbreiteten Wechsler-Skala bedeuten, den beiden wichtigsten Intelligenztests.

Wenn Sie die Quizfragen in Angriff nehmen, sollten Sie Ihre Antworten festhalten. Wenn Sie die Ergebnisse dann mit denen der Mensa-Mitglieder vergleichen,[1] sehen Sie ja, wie gut Sie abgeschnitten haben. Falls Sie genauso gut oder sogar besser waren als die Gruppe von Mensanern, die den jeweiligen Test beantwortet hat, dann sind Sie sich den Versuch schuldig, Mensa beizutreten, denn wahrscheinlich sind Sie dafür qualifiziert. Wenn Sie nur fast so schlau waren, sollten Sie es aber auch versuchen.

Für den Fall, daß Sie nicht so brilliant abgeschnitten haben: Ärgern Sie sich nicht! Manche Leute sind nicht gut bei Tests, dafür aber um so fähiger im wirklichen Leben. Sie sollten sich vor allen Dingen merken, daß das Buch hier nicht einen wissenschaftlich fundierten IQ-Test darstellt (obwohl die meisten Fragen denen ähneln, die Sie in solchen Tests finden), sondern Fragen bringt, an denen man Vergnügen finden und aus denen man etwas lernen kann.

Obwohl wir uns große Mühe gegeben haben, kann es natürlich vorkommen, daß wir hier und da eine zusätzliche Antwortmöglichkeit übersehen haben. Wenn Sie solch eine Antwort finden, prüfen Sie sie sorgfältig; falls Sie recht haben, dürfen Sie sich bei dieser Frage die doppelte Punktzahl für Ihren Scharfsinn geben.

Übrigens: Wenn Sie die Aufgabenblöcke ohne Zeitbegrenzung besser lösen als solche, bei denen es auch um Geschwindigkeit geht, dann gehören Sie vielleicht

---

1) A.d.Ü.: In der vorliegenden Ausgabe mußten einige spezifisch amerikanische Fragen durch andere ersetzt werden. Bei diesen Fragen wurden, soweit sie im Mensa-Test vorkommen, natürlich keine Testergebnisse von Mensa-Mitgliedern angegeben.

zu den Leuten, die ohne Zeitdruck besser arbeiten können. Es ist gut, auch das über sich selbst zu wissen und sich bei seiner eigenen Arbeit danach zu richten.

MENSA –
Was ist das eigentlich?

Im Jahre 1945 hatten zwei englische Rechtsanwälte, Roland Berrill und Dr. L. L. Ware, die Idee, daß es ein interessantes Experiment sein müßte, Menschen von außergewöhnlich hoher Intelligenz zusammenzubringen. Im gleichen Jahr wurde in London MENSA gegründet; die Mitgliedschaft stand – und steht noch heute – jedem offen, der in einem IQ-Test ein Ergebnis erzielt, das in den oberen zwei Prozent der Gesamtbevölkerung liegt. Bis zum Jahre 1961 hatte sich die Organisation in mehrere andere Länder ausgebreitet, einschließlich der Vereinigten Staaten. Sie zählt weltweit inzwischen etwa 70 000 Mitglieder, davon etwa 48 000 in Nordamerika.

»Mensa« ist das lateinische Wort für Tisch, weil die Organisation am runden Tisch gegründet wurde und sich auch heute noch als Tafelrunde sieht. Das Symbol soll an eine Zusammenkunft Gleichrangiger erinnern. Wegen seiner Aufnahmebedingung ist Mensa schon oft als elitär verschrien worden; in Wirklichkeit aber bildet Mensa nicht mehr »Elite« als irgendeine andere Organisation, die eine Aufnahmebedingung hat, wie z. B. die Pfadfinder, ein Sportverein oder die ÖTV. In Amerika gibt es über 120 »chapters« (Ortsgruppen), die sich in einer großen Zahl von Aktivitäten engagieren: Parties, »Open-house«-Veranstaltungen, Rednertreffen, Museumsbesuche – um nur einige zu nennen. Bei solchen Gelegenheiten werden elitäre Ideen zu Grabe getragen. Mensaner kommen aus praktisch allen Lebensbereichen, aus Handwerk, Schule und Geschäftsleben. »Wenn wir elitär sind«, bemerkte einmal ein Landesvorsitzender, »dann sind wir die demokratischste elitäre Organisation, die es je gab!«

Mensa bietet intelligenten Leuten Gelegenheit, einander zu treffen, um in einer Atmosphäre zwangloser Denkarbeit Meinungen, Gedanken, Vorurteile, Ängste, Witze und Rezepte auszutauschen. Zusätzlich betreibt die Organisation ein Programm für begabte Kinder, ein Stipendienprogramm, die »Mensa Educational and Research Foundation« (Stiftung für Bildungs- und Forschungsvorhaben) sowie »Mensa Friends« (Mensa-Freunde), ein Programm, das – mit wechselndem Erfolg – mit Gefangenen arbeitet, die einen hohen IQ aufweisen. Es gibt auch eine landesweite Mitgliederzeitschrift, Publikationen der einzelnen Ortsgruppen und über 200 »SIGs« (Special Interest Groups) für Mensaner, die brieflich oder persönlich in Kontakt treten wollen, um gemeinsamen Interessen nachzugehen.

In gewissem Sinn ist es schwer, Mensa zu beschreiben. Im Innersten ist Mensa vor allem ein *Gefühl*, das man nicht in Worte kleiden kann. Wir wissen nur, daß wir nicht mehr gern ohne Mensa leben möchten.

Achtung, Test!

Wenn Sie Symptome von Test-Angst zeigen, dann haben Sie – ob Sie's glauben oder nicht – richtig Glück. Studien haben nämlich bewiesen, daß ein kleines bißchen Angst ganz nützlich ist. Wenn Sie ruhig und sehr selbstsicher an die Testsituation herangehen, werden Sie's wahrscheinlich nicht so gut machen, als wenn Sie ein bißchen aufgeregt sind. Allerdings macht Sie zuviel Angst langsam und hemmt Ihr Denkvermögen.

Sie werden in Tests besser abschneiden, wenn Sie vorher versuchen herauszufinden, welche Art von Test Sie absolvieren sollen. Wenn sachliche Multiple-choice-Antworten verlangt werden, dann bildet ein Überblick über die Fakten die beste Technik. Falls aber der Test freie Fragen enthält, die mit einem kurzen Text beantwortet werden sollen, dann müssen Sie bemüht sein, die Fakten zu einem verständlichen Ganzen zu ordnen und den Text in gutem Deutsch und klarem Aufbau zu präsentieren.

Außerdem sollten Sie herausfinden, wie der Test bewertet wird. Wenn es ein Multiple-choice-Test ist und nur die Anzahl der richtigen Antworten bewertet wird, dann sollten Sie im Krisenfall unbedingt versuchen zu raten. In solchen Fällen kann Raten nur Ihr Vorteil sein, denn im Unterbewußtsein werden Sie häufig eine Ahnung von der richtigen Antwort vorfinden. Falls es aber für falsche Antworten Minuspunkte gibt, ist es ratsam, möglichst viele von den Fragen zu beantworten, bei denen Sie ganz sicher sind. Hier kann Raten Ihr Ergebnis nur verschlechtern.

Eine weitere Variante liegt vor, wenn eine bestimmte Zeit für den Test vorgegeben ist. Wenn Sie sich einem solchen Test stellen, ist es das klügste, alle Fragen, die Ihnen Kopfzerbrechen machen, zu überspringen. Beantworten Sie nur die, bei denen Sie die Antwort sofort sehen. Wenn Sie mit denen fertig sind, gehen Sie zurück und beantworten die Aufgaben, die nur kurzes Nachdenken erfordern, und erst zuletzt solche, die sehr viel Zeit in Anspruch nehmen.

Vergessen Sie nicht, Ihre Arbeit nochmal durchzusehen. Oft werden Sie Flüchtigkeitsfehler finden, die Sie sofort korrigieren können. Vielleicht entdecken Sie auch, daß Sie eine wichtige Anweisung übersehen haben, was Ihnen Minuspunkte einbringen könnte.

Zum Schluß noch den Rat, zu jedem Test ausgeruht und gutgelaunt zu erscheinen. Das allein schon kann Ihre Punktzahl um 10 Prozent verbessern.

1 Triviales

Warmlauftest

Um bei *Triviales* gut abzuschneiden, sollte Ihr Gedächtnis nicht nur gut bestückt, sondern vollgestopft sein. Trivial-Fans entdecken immer neue Trivialitäten, und sei es nur, um andere Trivia-Fans zu verblüffen. Für viele Mensa-Mitglieder ist das ein beliebter Zeitvertreib.

1. Domenikos Theotocopoulus ist besser bekannt unter einem anderen Namen. Welcher ist es?
2. Wo wären Sie, wenn Sie die Rechnung im Restaurant in Forint bezahlen müßten?
3. Wer reiste in dem Roman von Jules Verne in achtzig Tagen um die Welt?
4. Wenn Sie Leute über Botrytis und Kabinett sprechen hören, wovon ist dann die Rede?
5. Queensland, Victoria und New South Wales liegen in welchem Land?
6. Wer von den dreien gehört nicht hierher: George Sand, George Eliot, George Orwell?
7. Was ist das Besondere an St. Michael's Mount und Mont St. Michel?

8. Wo befinden sich die Inseln St. Pierre und Miquelon?
9. Zu welchem Märchen gehört das sprechende Brot?
10. Wie heißt die Skala, mit der die Stärke von Erdbeben gemessen wird?
11. Welche Gattung von Lebewesen erreicht die größte Lebensdauer?
12. Welches ist der östlichste Staat der USA?
13. Was ist die Hauptstadt von Brasilien?
14. Woher kommt das Wort »Boykott«?
15. Wo versammelten sich die Vereinten Nationen fast fünf Jahre lang, während das Gebäude in Manhattan fertiggestellt wurde?

16. Wenn Sie Uxorizid begehen, wen haben Sie umgebracht?
17. Würde es Ihnen etwas ausmachen, wenn Ihr bester Freund ein Lykanthrop würde? Warum oder warum nicht?
18. Welches Fest hat der Gute König Wenzeslaus gefeiert?
19. Hemingway schrieb eine berühmte Geschichte über den Berg Kilimandscharo. In welchem Land befindet sich dieser Berg?
20. Was ist der astronomische Name des Sternbildes, das man im allgemeinen den »Großen Bären« nennt?
21. Sie ist in der römischen Mythologie als Venus bekannt. Wie hieß sie in Griechenland?
22. Wodurch wurde F. M. de Lesseps berühmt?
23. Zwischen welchen zwei Ländern liegt die Meerenge von Juan de Fuca?
24. Wie spät ist es um 12 Uhr Greenwich Mean Time in New York?
25. Wenn Sie die Delaware Bay mit der Fähre von Süden nach Norden überqueren, wo landen Sie dann?

Eine Frage der Relativität

TRIVIAL (triwial; lat.-fr.): platt, abgedroschen, seicht, alltäglich – Duden-Fremdwörterbuch

Wenn man obige Definition akzeptiert, muß man sich freilich die Frage stellen: Warum sollte man abgedroschenes Stroh in einen Fragenkatalog aufnehmen, der doch dazu bestimmt ist, Rückschlüsse auf jemandes Intelligenz zu erlauben? Die Antwort darauf ist ebenso einfach wie kompliziert. Zunächst der einfache Teil.

Eine mittlerweile abgedroschene Version der Huhn-und-Ei-Frage lautet, ob manche Leute gerne Tests machen, weil sie sie gut bestehen, oder ob sie sie gut bestehen, weil sie sie gern machen. Der Witz ist doch der: Wenn Sie nicht davon überzeugt wären, Quizfragen dieser Art seien ein Vergnügen, würden Sie dieses Buch jetzt nicht in der Hand halten. Zunächst also machen Trivialfragen Spaß. Sie fordern das Gedächtnis heraus, und wahrscheinlich ist keine andere Art von Fragen so sehr dazu angetan, Sehnsüchte zu erwecken: nach längst in Vergessenheit geratenen Klassenzimmern, nach einst geliebten und jetzt fast vergessenen Büchern, nach Jugendfahrten und Abenteuern, nach verflossenen Romanzen, nach Freunden und Bekannten aus der Kindheit. Sicherlich kann man etwas, das so helle Freude, aber auch bittersüße Erinnerungen wachruft, nicht als »unwichtig« abtun.

Ob Trivialfragen an sich unwichtig sind, ist Gegenstand umfangreicher Diskussionen, und hier ist die Antwort oder – genauer gesagt – sind die Antworten alles andere als einfach. Eines der vielen Merkmale, die dazu dienen, Intelligenz zu definieren, ist die Fähigkeit, mit Tatsachen zu operieren. Damit soll keine Verfärbung oder Verfälschung der Wahrheit gemeint sein. Es geht vielmehr um die Fähigkeit, eine gegebene Menge von Informationen zu prüfen und die Bestandteile derart zu ordnen, daß man zu einer Folgerung, Entscheidung oder Lösung kommt. Oftmals geht solche Bearbeitung auf eine Weise vor, die uns völlig unbewußt bleibt. Das nennt man Intuition.

Intuition ist keine mystische oder mysteriöse Kraft, die ins Reich der übersinnlichen Phänomene gehört. Sie ist real definierbar, und in uns allen mehr oder weniger vorhanden. Intuition setzt eine Sammlung von Millionen, vielleicht sogar Milliarden oder Billionen winziger »unwichtiger« Informationsteilchen voraus, die in den entlegenen Winkeln unseres Gedächtnisses gespeichert sind und zu passenden Kombinationen zusammengefügt werden, wenn es die Situation erfordert. Zum Beispiel haben wir alle schon einmal das Gefühl einer sogenannten »Ausstrahlung« verspürt. Wir treffen jemanden zum erstenmal und empfinden sofort einen positiven oder negativen Eindruck. Wenn wir gefragt werden, was diesen Eindruck hervorruft, sind wir kaum in der Lage, eine Erklärung dafür abzugeben. Der menschliche Computer, unser Hirn, hat Inputs erhalten – einen Gesichtsausdruck, eine Eigenheit, eine bestimmte Gangart, einen Kleidungsstil – und hat diese mit vergangenen Erfahrungen mit diesen speziellen Typen »unwichtiger« Informationen verglichen. Eine Art unterbewußtes Bild wird gezeichnet, und im Bruchteil einer Sekunde präsentiert sich dieses Bild dem bewußten Verstand als »gute« oder »schlechte« Ausstrahlung.

Je länger und aktiver man lebt, desto ausgeprägter wird die Intuition. Es gibt Leute, die sehen einen Mann in Sporthemd, Blazer und Jeans, der mit anderen Worten aussieht wie Millionen anderer Männer, und erklären: »Das ist ein Polizist.« Oder: »Das ist ein Lehrer.« »Woher wissen Sie das?« »Ich weiß nicht, woher ich's weiß, ich weiß es eben. Ich kann sowas aus einem Kilometer Entfernung erkennen.« Sehr oft hat der Beobachter recht. Das ist Intuition, diese riesige persönliche Vorratskammer mit scheinbar unwichtigen Daten.

Wenn das Anhäufen von Fakten so wichtig ist für das intuitive Denken, um wieviel wichtiger ist es für das bewußte, aktive Denken? Denken und intelligentes Verhalten erfordern zwei grundlegende Elemente: die Fähigkeit schlechthin, Fakten zu sammeln, das heißt, sich ihrer einfach zu erinnern, und das Auswählen von Fakten, die nützlich sind. Zu wissen, daß in den Vereinigten Staaten die Standardbreite zwischen Eisenbahnschienen vier Fuß und achteinhalb Inch beträgt, ist ein typisches Beispiel des ersten Elements, aber es könnte sich außer bei Trivialwettbewerben als vollkommen nutzloses Stück Information erweisen. Jedoch das allein zeigt schon den Wert von Trivialquizfragen. Sie bieten Anzeichen dafür, wie gut man sich etwas merken kann, sie geben aber auch Aufschluß darüber, welche Art von Fakten Sie sich besonders gut merken.

Wir sind also fast gezwungen anzunehmen, daß die Wörterbuchdefinition von »trivial« eine kleine Änderung vertragen könnte. Es wäre wohl richtiger, Trivialitäten als »relativ unwichtige Dinge« zu bezeichnen. Was dem einen unwichtig und belanglos ist, kann für jemand anders wesentlich und wichtig sein.

Denken Sie beispielsweise einmal an etwas so Grundlegendes wie die Umgebung, in der Leute Denkarbeit leisten. In den Antworten, die wir auf unsere Frage erhielten, wie Mensa-Mitglieder ihre Intelligenz steigern oder entwickeln, entdeckten wir beachtliche Einzelheiten, die oberflächlich gesehen Trivialitäten zu sein scheinen. George J. Gore, Professor für Management an der Universität von Cincinnati und Präsident einer erfolgreichen Beraterfirma, geht an ein Problem heran, indem er Notizen macht: »Ich nehme einen normalen, gelben Schreibblock, und *immer* einen Scripto-Bleistift«, schreibt er, »von der Sorte mit der dicken Mine und einem Radiergummi dran.« Das wird Ihnen vielleicht unwichtig erscheinen, aber für Professor Gore sind diese Details wichtig für seine Denkarbeit. »Ich fühle mich dann wie unter einem Druck auf Leben und Tod, ich denke nach über den gesellschaftlichen Wert meines Tuns . . . ich überlege, wie unangenehm es wäre, keine Lösung zu finden. Ich werde wütend und suche planlos nach Alternativen.« Er schreibt alles auf, was ihm einfällt, was möglicherweise hilfreich sein könnte bei dem betreffenden Vorhaben, »und mit dem brennenden Problem im Kopf«, so sagt er, »quäle ich mich dann bis zum Schlafengehen. Am nächsten Morgen wache ich auf mit einer neuen Lösung . . . Ich kann darauf zählen, daß meine »Heinzelmännchen« das Unlösbare lösen, während ich fest schlafe. Ich besorge dann den leichteren Teil, nämlich gemächlich zu recherchieren und mich zu ärgern.« Man kann sich die Raserei oder Panik vorstellen, mit der Professor Gore seine Probleme löst, aber ohne Zweifel bilden so scheinbare Trivialitäten, wie die Farbe des Schreibpapiers oder die Sorte Bleistifte, die er benutzt, einen Teil seiner Methode.

Andere Leute würden wahrscheinlich vor Professor Gores Methode entsetzt zurückschrecken. »Meditation ist solch eine ausgleichende Kraft in all meinen Aktivitäten, daß es schon fast zu offensichtlich ist, um als Methode erwähnt zu werden«, schreibt Jeffrey Pickering aus Spokane, Washington. »Buddhistische Meditation hat bei mir in der Art und Weise, wie Körper und Geist arbeiten, bedeutsame Veränderungen hervorgebracht«, behauptet er. »Ich finde mich besser imstande, Namen und Zahlen auswendig zu lernen, ich bin einsichtiger, offener für Inspiration, und zwar mehr, als ich vor zehn Jahren für möglich gehalten hätte.« Während Professor Gore also seinen Kopf vollpackt mit Daten, von denen einige zumindest scheinbar unwichtig sind, befreit Mr. Pickering sein Denken von Belanglosigkeiten, um Platz zu schaffen für die spezifischen Angaben, die er wünscht und braucht. Lila M. Mallette, auch bekannt als Sri Lilananda, die Koordinatorin der Mensa Human Potential Special Interest Group (SIG), hebt hervor, daß wirksame Meditation Aufmerksamkeit erfordert – auf so scheinbare Kleinigkeiten wie die Art der Kleidung, die man trägt, die Raumtemperatur, die Helligkeit des Lichtes und sogar das Material, auf dem man liegt.

Wenn Ihnen die Kopf-voll-Methode oder die vollkommene Kopf-leer-Methode Ihrem eigenen Stil nicht angemessen erscheinen, möchten Sie vielleicht eine alte, aber nicht minder effektive Technik, sich Trivialitäten zu merken, in Betracht ziehen. Irvin K. Sasaki, ein Lehrer aus Honolulu, findet Mnemonik (das Einprägen von Informationen mit besonderen Lernhilfen) im Unterricht mit seinen Schülern sehr nützlich. Seine Lieblingsmethode sind »Sätze, die aus den Anfangsbuchstaben der Dinge bestehen, die man lernen oder sich merken soll.« Das kann natürlich auch ein Nonsens-Satz oder ein witziger Satz sein, aber der Schlüssel zum Erfolg liegt nach Mr. Sasaki darin, daß »man seinen eigenen

Satz erfindet zu einem Thema oder einer Situation, die einen interessiert«. Als Beispiel erzählt er, wie er eine Gruppe Fünftklässler aufforderte, einen mnemotechnischen Satz zu erfinden, der ihnen helfen sollte, sich die ersten dreizehn amerikanischen Kolonien in der Reihenfolge ihrer Besiedlung zu merken. Und dies ist der Satz: »Vicious MonSters Hate Yukky Cooking. ManY Really Dig Papayas 'N' Juicy Sweet Guavas.« (*V*irginia, *M*as*S*achusetts, New *H*ampshire, New *Y*ork, *C*onnecticut, *M*ar*Y*land, *R*hode Island, *D*elaware, *P*enns*Y*lvania, *N*orth Carolina, New *J*ersey, *S*outh Carolina, *G*eorgia). »Beachten Sie«, schreibt er, »wie sich Zehn- und Elfjährige in Gedanken mit Monstern beschäftigen, und auch, wie selbstverständlich es ist, einen Hauch tropischer Köstlichkeiten mit einfließen zu lassen, wenn Kinder auf Hawaii etwas über weit entfernte Schwesterstaaten lernen müssen.«

Ist hiermit geschehen. Wir haben aber auch festgestellt, daß Hilfssätze manchmal genauso schwer zu behalten sind wie die Daten, die man sich mit ihrer Hilfe merken soll. Freilich, wenn wir zehnjährige Hawaiianer wären...

Wenn Sie jetzt hinlänglich beeindruckt sind von der Vorstellung, daß Trivialitäten nicht unbedingt trivial sind, können Sie sich dem nächsten Kapitel zuwenden. Nehmen Sie es nicht zu ernst. Sie sollen ja nur ein bißchen Spaß dran haben und vielleicht ein paar nette Erinnerungen auffrischen.

Triviales
Kopf an Kopf mit Mensa

Testbeginn _____

Testende _____

Benötigte Zeit _____

1. Unter welchem Namen ist François Marie Arouet besser bekannt?
2. Cortez hat Mexiko erobert. Wer eroberte Peru?
3. Ihr Freund bietet Ihnen einen guten Barsac an. Was bekommen Sie da?
4. Wo liegt Karl Marx begraben?
5. Wo befinden Sie sich, wenn Ihre Hotelrechnung auf Markka lautet?
6. Was haben die Vögel Dodo und Kiwi gemeinsam?
7. Ein Distichon ist ein Versmaß. Was aber ist ein Triptychon?
8. Wer paßt nicht in diese Reihe? Caravaggio, Corot, Copley, Cellini
9. Was mißt ein Dolorimeter?
10. Wenn Sie an Treskaidekaphobie litten, wovor hätten Sie dann Angst?

11. Ferdinand und Isabella (bekannt durch Columbus) hatten eine Tochter, die Königin von England wurde. Wie hieß ihr Mann?

12. Unter welchem Namen wurde Samuel Clemens bekannt?

13. Wie heißt der Fluß in der griechischen Mythologie, der die Grenze zur Unterwelt bildet?

14. Wie heißt die alte römische Provinz Lusitania heute?

15. Was war die »Tin Lizzy«?

16. Nobel stiftete den Friedenspreis. Was hat er erfunden und entwickelt?

17. Nennen Sie zwei Kanalinseln zwischen England und Frankreich.

18. Wenn Sie Jeans kaufen, stoßen Sie öfters auf das Wort »Denim«. Was versteht man darunter?

19. Kerbe, Schaft und Sehne. Bei welchem Sport kommen die vor?

20. »Silbern«, »golden«, »schreitend«, »springend«, »steigend«. Worauf beziehen sich diese Begriffe?

21. Wenn Sie im Restaurant ein Gericht bestellen, das »Florentiner« in seinem Namen hat, welche Zutat können Sie darin erwarten?
22. Das Zeichen für Gold ist *Au,* für Silber *Ag.* Was ist das Zeichen für Platin?
23. Wenn Sie von New York nach Rio de Janeiro reisen, in welche Richtung geht es da?
24. Zu welchem Land gehört Grönland?
25. Weiß und blau und doch nicht bayrisch. Von welchem Fluß ist die Rede?

2 Wortschatz

Warmlauftest

Finden Sie zunächst die beste Definition für die folgenden Wörter. Dann machen Sie sich an die zweite Hälfte, den Wortschatztest, der gegen die Uhr von Mensa-Mitgliedern gelöst wurde. Viel Glück!

1. *Sachalin*
   a) Zuckerersatz
   b) ein sowjetischer Physiker
   c) eine ostasiatische Insel
   d) ein mit Rum getränkter Hefekuchen
   e) ein russischer Sänger

2. *Paganismus*
   a) Lobrede
   b) Streben nach Vereinigung
   c) indischer Tempelkult
   d) Heidentum
   e) Wiedergeburt

3. *Sovereign*
   a) Herrscher
   b) Kellergeschoß
   c) englische Goldmünze
   d) katholischer Heiliger
   e) Korkstoff der Pflanzenzelle

4. *Supplikant*
   a) dünkelhaft, selbstgefällig
   b) unter der Zunge
   c) Ergänzung, Nachtrag
   d) Bittsteller
   e) Lieferant

5. *Dynastisch*
   a) zu einem Sprengstoff gehörend
   b) die Erzeugung elektrischen Stroms betreffend
   c) ein Herrschergeschlecht betreffend
   d) Schwung, Bewegung betreffend
   e) rauschhaft

6. *Feudal*
   a) bundesstaatlich
   b) vornehm, herrschaftlich, das Lehnswesen betreffend
   c) eine besondere Art Schild in der Heraldik
   d) mittelalterliche Balladen betreffend
   e) feindlich gesinnt

7. *Improvisieren*
   a) verschwenden
   b) etwas aus dem Stegreif tun

c) sparsam, berechnend handeln
d) Vorräte anlegen
e) Eindruck machen

8. *Metamorphose*
   a) medizinisch herbeigeführter hypnotischer Schlaf
   b) Verwandlung
   c) ein neu entwickeltes Schlafmittel
   d) ein Gemüsekonservierungsmittel
   e) Generationswechsel

9. *Paroxysmus*
   a) heftiger Anfall
   b) altjapanische Haartracht
   c) krankhaftes Verlangen nach ungewöhnlichen Speisen
   d) sauerstoffreiche Verbindung
   e) Schmarotzertum

10. *Kapriziös*
    a) ein Schaf oder Lamm betreffend
    b) ein Sternbild betreffend
    c) von Zahnfäule befallen
    d) aufnahmefähig
    e) launenhaft, eigenwillig

11. *Plebejisch*
    a) arm, ohne Geld
    b) zu einer Gruppe Soldaten gehörend
    c) zur Wählerschaft gehörend

d) zum gemeinen Volk gehörend
e) zur Elite gehörend

12. *Iniquität*
    a) ungleiches Gewicht
    b) ein neuer Typ Investmentfonds
    c) Unbilligkeit, Härte
    d) Klima mit extremer Hitze und Kälte
    e) juristischer Ausdruck für ungleiche Verteilung von Konkursmasse

13. *Prätentiös*
    a) Vorspiegelung falscher Tatsachen, z. B. von jemandem, der sich als Doktor ausgibt
    b) anspruchsvoll, anmaßend, selbstgefällig
    c) absichtlich gelogen
    d) kämpfend, böse, streitsüchtig
    e) sehr aufmerksam und besorgt

14. *Existent*
    a) ausgedehnt
    b) wirklich vorhanden
    c) hervorragend
    d) wesentlich
    e) ersichtlich, offenkundig

15. *Perturbation*
    a) Hautatmung
    b) Selbstbefriedigung
    c) Ausdauer
    d) Störung (in der Bewegung eines Sterns)
    e) Durchbohrung

16. *Usurpieren*
   a) geräuschvoll essen, schlürfen
   b) zurückkehren zum ursprünglichen Zustand
   c) widerrechtlich die Herrschaft an sich reißen
   d) vereinheitlichen
   e) drängen, nachdrücklich betreiben

17. *Zarge*
   a) Greifwerkzeug
   b) Einfassung, Seitenwand
   c) Gewinnspanne
   d) bedeutsamer Einschnitt
   e) Spitze eines Eisenzauns

18. *Justierung*
   a) Rechtfertigung
   b) Beurteilung
   c) Genehmigung
   d) Rechtspflege
   e) genaue Einstellung

19. *Resolut*
   a) entschlossen, beherzt
   b) zurückhaltend
   c) ein Resultat bewirkend
   d) aufgelöst
   e) Kunststoffplatte

20. *Geonym*
   a) Landvermesser
   b) von einem geographischen Begriff abgeleiteter Name

c) auf den Erdmittelpunkt bezogen
d) die Entstehung der Erde betreffend
e) ungenannt, namenlos

Auf ein Wort

Leute, die nie vorher von Mensa gehört haben und ein Mitglied bitten, den Zweck von Mensa zu erklären, fragen unweigerlich: »Was macht Mensa denn nun eigentlich?« Und genauso unweigerlich kommt die Antwort: »Nun, es ist hauptsächlich ein Geselligkeitsverein.« Darauf folgt dann eine Diskussion über das Bedürfnis intelligenter Menschen, sich einander mitzuteilen und Menschen verschiedenster Herkunft und Interessen kennenzulernen. Es ist nicht ungewöhnlich, bei einer Mensa-Veranstaltung eine Gruppe zu finden, in der, sagen wir, ein Lehrer, ein Computer-Programmierer, ein Bankkassierer, ein Tischler und ein Kernphysiker in lebhaftem Gespräch miteinander vertieft sind. Was Mensaner am besten können, ist reden. Natürlich ist das nicht das einzige, was sie tun. Während Mensa einerseits eine gesellschaftliche Organisation ist, ist sie andererseits satzungsgemäß verpflichtet, die menschliche Intelligenz durch verschiedene Programme zu fördern. All das aber beruht auf Kommunikation, und die Kommunikationsfähigkeit – ob im Sprechen, Schreiben oder Zuhören – liegt zum großen

Teil in der Vielseitigkeit des Kommunizierenden. Die Konversation, das Gespräch, ist auch schon als Kunst beschrieben worden. Das hieße die Sache vielleicht etwas übertreiben, aber für unsere Zwecke bietet es eine brauchbare Analogie. Lassen Sie uns einige Vergleiche anstellen.

Die Fähigkeit zu malen oder zu zeichnen ist ein Talent – eine Begabung, wenn Sie so wollen. Viele Leute glauben, daß Intelligenz, oder genauer gesagt: ein hoher IQ, auch eine Begabung sei. Wenn Sie einer Person mit Zeichentalent Papier und Bleistift geben, dann wird der- oder diejenige ein paar sehr schöne Bilder zeichnen, vielleicht sogar ein paar großartige Bilder. Ähnlich wird eine Person mit einem hohen IQ, der man einen Grundwortschatz gibt, einige interessante, vielleicht sogar tiefgründige Ideen zum Ausdruck bringen. Aber geben Sie dem Zeichner eine Vielzahl von Medien – Ölfarben, Pastellfarben, Wasserfarben, Papier, Leinwand, Holz, vielleicht sogar eine Filmkamera – und lehren Sie ihn deren Gebrauch, dann wird sowohl die künstlerische Ausbeute als auch deren Qualität bedeutend höher sein. Ebenso wird eine Person mit hohem IQ, die eine Vielzahl von Medien in die Hand bekommt – Wörter, Grammatik, Zeichensetzung, andere Sprachen –, besser in der Lage sein, neue Ideen hervorzubringen.

Wie ein Künstler mit dem Bedürfnis, sich auszudrükken, es irgendwie schafft, sich die Mittel zu besorgen, die für seinen Ausdrucksstil am besten geeignet sind, so wird auch ein Mensch mit hohem IQ versuchen, die Worte zu erwerben, die für sein Mitteilungsbedürfnis erforderlich sind. Und so befinden wir uns wieder in dem Huhn-oder-Ei-Dilemma. Die meisten Experten stimmen darin überein, daß ein großer und gut genutzter Wortschatz ein wichtiger, vielleicht *der* wichtigste Indikator eines hohen IQ ist; jedoch erweitern intelligente Leute normalerweise ihren Wortschatz oder trägt ein breiter Wortschatz zur Erhöhung des IQ bei? Die Antwort auf beide Fragen ist wahrscheinlich »ja«. Bis zu einem gewissen Grad zumindest ist Intelligenz erblich, aber Psychologen und andere Experten, die das IQ-Spiel spielen, neigen zu der Annahme, daß auch die Umgebung eines Menschen, also Faktoren der formalen wie auch informellen Erziehung, eine tiefgreifende Wirkung auf seine Intelligenz haben. Wenn Sie lebhafte Diskussionen mögen, bei denen die Kontrahenten fast handgreiflich werden, dann versuchen Sie doch mal, zwei oder drei Akademiker dazu zu bringen, sich zu einigen, bis zu welchem Grad Erblichkeit und Umwelt die Intelligenz beeinflussen!

Es sollte deshalb nicht überraschen, daß von allen Spielen, Rätseln und Quizfragen Mensaner immer die bevorzugen, bei denen es um Worte geht. Wie das fol-

gende Quiz zeigt, ist dies auch das Gebiet, auf dem sie am besten abschneiden. Von allen Tests in diesem Buch erreichten die Mensaner in diesem Abschnitt die höchste Punktzahl. Auf fast jeder regionalen oder jährlichen Zusammenkunft gibt es auch ein Spielzimmer, wo Sie zu jeder Tag- und Nachtzeit einige Fanatiker finden werden. Sicherlich werden einige Bridge, Schach oder Backgammon spielen, auch »Dungeons and Dragons« (ein unter Mensanern sehr beliebtes Spiel), aber gewöhnlich werden sie zahlenmäßig übertroffen von denen, die Scrabble, Boggle, Perquacky oder Anagramme (Buchstabenrätsel) spielen oder eins der anderen unzähligen Wortspiele. Selbst wenn Mensaner allein sind, reizt es sie, ihr Sprachvermögen zu testen, wie die Antworten derer zeigen, die unserer Bitte nach Tips und Techniken zum Intelligenztraining nachgekommen sind.

Ein beliebtes Spiel ist »Dictionary« (Wörterbuch); es kann allein oder mit anderen gespielt werden. Seine Regeln sind einfach: Der Spieler schlägt ein leidlich umfangreiches Wörterbuch aufs Geratewohl auf, und der andere Spieler (wenn einer da ist) muß das erste oder, wenn Sie wollen, auch das letzte Wort der jeweiligen Seite definieren. Manche definieren das erste Wort mit mehr als zwei Silben. Es gibt viele Variationen und Bewertungsmöglichkeiten; es steht Ihnen frei, Ihre eigenen zu erfinden.

Ed Oram aus Atlanta war eines der vielen Mitglieder, die eine alte, verläßliche Technik zur Erweiterung des Wortschatzes um eine Hirnakrobatik-Variante bereichert haben: Anagramme. »Ich nehme ein Wort, zum Beispiel GALEONE«, sagt er, »und dann schreibe ich so viele Wörter mit vier oder mehr Buchstaben auf wie möglich, die aus diesem Ursprungswort gebildet werden können, Eigennamen und Fremdwörter ausgeschlossen.«

Soweit las ich Eds Brief. Ich warf nochmals einen Blick auf GALEONE, dann notierte ich am Rand: LAGE, EGAL, NAGEL, ENGE, ENGEL, LOGE. Das dauerte etwa drei Minuten, dann blieb ich stecken. Also zwang ich mich, zu meiner Arbeit zurückzukehren (d. h., dieses Buch zu schreiben). Warum ich auf die Zeit geachtet habe? Ich habe keine Ahnung; es schien mir ganz selbstverständlich.

Als ob seine anagrammatische Übung nicht genug Unruhe gestiftet hätte, fügte Ed Oram noch folgendes hinzu:

»Wann immer ich meinen Verstand richtig trainieren will, komme ich auf ein altes Problem zurück, das ich vor über zwanzig Jahren erfunden habe und noch nicht lösen konnte: ein 5 × 5-Quadrat aus den Buchstaben des Alphabets (außer Q) zu bilden, bei dem alle nebeneinander liegenden Buchstaben zu Wörtern verbunden werden können:

```
Y – A – K   P   I
D – O – C   X   F
J   T   S – H   W
Z   G   N   E   B
M   U   R   L   V
```

Zeichnen Sie Striche, um die Buchstaben zu Wörtern zu verbinden, beispielsweise zu YAK, DOCK, DACHS, GNU, FIX usw. In solch einem Quadrat kann man 72 derartige Verbindungen herstellen, aber mehr als 68 habe ich bis heute nicht geschafft. Die Buchstaben dürfen anders geordnet werden, aber dadurch ergeben sich oft mehr Probleme als Verbesserungen.

Dieses Rätsel kann jederzeit in Angriff genommen werden, wenn Papier und Bleistift zur Hand sind. Das Verdoppeln der Buchstaben (wie in WENN) oder der mehrfache Gebrauch (wie in VERLEBEN oder KAJAK) sind erlaubt. Ich würde gern eine Lösung dieses Problems sehen, bevor ich sterbe, aber im allgemeinen sind F, V und J nicht sehr kooperativ.«

Wenn Sie glauben, dieses Problem lösen zu können, sollten Sie es unbedingt versuchen. Schicken Sie Ihre Lösung an Mensa Book, 1710 West Third St., Brooklyn, N.Y., 11223, USA. Es gibt keine Preise oder Auszeichnungen außer der Gewißheit, daß Sie Ed Oram helfen können, als glücklicher Mann zu sterben.

Viele Wortspiele und Übungen scheinen zu Beginn albern und langweilig, aber für einen Wortliebhaber liegen darin oftmals heimtückische Fallen. Ein Paradebeispiel dafür ist ein Spielchen, das Carlotta Follansbee aus der Bronx, N.Y., erfunden hat. »Ich habe mir ein Spiel ausgedacht«, schrieb sie, »um mir die Zeit zu vertreiben, die ich im Verkehrsstau auf der falschen Spur verbringe. Viele Nummernschilder haben drei oder mehr Buchstaben. Sehr oft kann man diese Buchstaben in der gleichen Reihenfolge (wenn auch nicht unbedingt nebeneinander) in einem Wort verwenden,« zum Beispiel die Kombinationen:

AC – K   backen
H – LM   Schlamm
WIS – N   wissend
L – DU   Laderaum
N – FK   Konfektion
BN – T   Bandit

Dabei sollte man versuchen, weder das N für Pluralbildungen oder Infinitive zu verwenden, noch die Buchstaben U, N und G für die Endung »-ung«. Außerdem sind zusammengesetzte Wörter so einfach zu bilden, daß es wirklich mehr Spaß macht, wenn auch die verboten sind. (Und wer schummeln will, darf das Q als O benutzen.)

Gut gemeint, dachte ich, aber das ist doch ein langweiliges Spiel. Ich beschloß, es nicht in dieses Buch aufzunehmen. Ein oder zwei Tage später waren meine Frau, mein Sohn und ich unterwegs zu einem benachbarten Spielplatz, und Carlottas Spiel kam mir in den Sinn. Ich beschloß, ihm in aller Fairneß eine Chance zu geben. Das war ein Fehler. Jegliches Gespräch erstarb, als ich anfing, mir die Nummernschilder der vorbeifahrenden Autos anzusehen, und mich immer mehr in dem Spiel festhakte. Je länger ich es spielte, desto mehr faszinierte es mich. *Warnung: Carlotta Follansbees Nummernschilderspiel macht süchtig!*

»Da es bei mir mit Sprachen ziemlich hoffnungslos ist«, hatte sie geschrieben, »gebe ich mir einen Extraklaps auf die Schulter, wenn eine Kombination wie ABG ein Wort ergibt wie ›abgemurkst‹, oder wenn eine Gruppe wie HRU zu ›Uhuru‹ wird.« Carlotta weist übrigens darauf hin, daß manche Kinder das Spiel sehr gut spielen. Falls Ihre das auch tun, könnte es ein Anzeichen für »Begabung« sein – im Sinne von »klug«, im Gegensatz zu »neunmalklug«.

Sie kennen wahrscheinlich schon die einfachste, altbewährte Methode, Ihren Wortschatz zu erweitern und dadurch Ihre Intelligenz zu fördern, die ich hier aber nochmal erwähnen möchte, damit auch die anderen sich wieder dran erinnern. Wo immer Sie auf ein unbekanntes Wort stoßen, sollten Sie zunächst versuchen, seine Bedeutung aus dem Zusammenhang abzuleiten, in dem es gebraucht wird. Dann schreiben Sie es auf, und wenn Sie die Gelegenheit dazu haben, schlagen Sie es im Wörterbuch nach. Selbst wenn das Wörterbuch greifbar ist und Sie sofort nachsehen könnten, sollten Sie es trotzdem aufschreiben. Schreiben hilft, es Ihrem Gedächtnis einzuprägen. Das gilt natürlich nicht für das hier folgende Quiz. Wenn Sie sich die Zeit nehmen, unbekannte Wörter nachzuschlagen, werden Sie mit Ihrer Ratezeit nicht zu Rande kommen. Sie können sich vielleicht neben die Wörter, die Sie nicht kennen, ein kleines Bleistiftzeichen machen, um sie später herauszusuchen, auch wenn sie in den Antworten mehr oder weniger definiert sind.

So, jetzt haben Sie lang genug ausgesetzt. Es ist Zeit, mit dem Quiz zu beginnen.

Wortschatz
Kopf an Kopf mit Mensa

Testbeginn _____

Testende _____

Benötigte Zeit _____

Ein bei vielen Mensa-Mitgliedern beliebter Autor ist Isaac Asimov. Die folgenden Wörter wurden zum Teil seinen Büchern entnommen.

1. *Konglomerat*
   a) aus dem Dampfzustand niedergeschlagene Flüssigkeit
   b) eine hochprozentige Lösung
   c) ein Gemisch, etwas bunt Zusammengewürfeltes
   d) Vertrag zwischen einem Staat und dem Papst
   e) wilde Ehe

2. *Stagnation*
   a) Sättigung
   b) Zwangsmaßnahme
   c) Stockung, Stauung
   d) Spielzeit italienischer Operntheater
   e) Abklemmung, Erdrosselung

3. *Eloquent*
   a) das Auslassen von Wörtern in einem Satz
   b) beredt
   c) mit Schutzschicht versehenes Aluminium
   d) üppig, reichhaltig
   e) mit gefährlichen Eigenschaften

4. *Sibilant*
   a) Salz der Kieselsäure
   b) jemand, der eine Krankheit vortäuscht
   c) druck- und feuerfester Kunststein
   d) Zischlaut
   e) Weissagungsbuch aus der griechischen Mythologie

5. *Apokryph*
   a) biblisch
   b) unecht, von zweifelhaftem Ursprung
   c) Nachschrift, Kopie
   d) auf das Weltende hinweisend
   e) die Antipoden betreffend

6. *Potentiometer*
   a) Druckmesser
   b) Umfang einer Figur
   c) Spannungsregler
   d) Belichtungsmesser
   e) Gerät zur Bestimmung von Luftdruckschwankungen

7. *Abrasion*
   a) Beseitigung seelischer Spannungen
   b) Aufhebung eines Gesetzes durch ein anderes Gesetz
   c) kurzer Auszug, Zusammenfassung
   d) besondere Art der Bartabnahme
   e) Abtragung der Küste durch Meeresbrandung

8. *Antagonismus*
   a) liturgisches Gebetbuch
   b) Gegensatz, Gegnerschaft
   c) das Vorleben, frühere Lebensumstände
   d) ein Gegengift
   e) Blütenstand auf einem Stengel

9. *Scharlatan*
   a) rote Farbe
   b) mittelamerikanischer Hühnervogel
   c) Quacksalber, Kurpfuscher
   d) kurzes, kleines Gefecht
   e) Zauberpriester

10. *Legerdemain*
    a) Handfeuerwaffe
    b) leicht, anmutig (in der Musik)
    c) Taschenspielertrick, Kunststück
    d) früherer Premierminister von Frankreich
    e) Hülsenfrüchtler

11. *Implizit*
    a) inbegriffen, eingeschlossen
    b) dem Körper eingepflanztes Gewebestück

c) illegal
d) Sammelbezeichnung für bedruckte Stoffe
e) von plötzlichen Einfällen abhängig

12. *Hegemonie*
   a) musikalische Spielart
   b) ethische Lehre der griechischen Philosophie
   c) Bluterkrankheit
   d) Vorherrschaft eines Staates
   e) Selbsterkenntnis

13. *Peripherie*
   a) Stadtrand, Rand
   b) halbe Erdkugel
   c) Sehrohr für U-Boote
   d) entscheidender Wendepunkt
   e) Gashülle eines Gestirns

14. *Inkarnation*
   a) Neigung
   b) Verkörperung, Menschwerdung eines göttlichen Wesens
   c) Zuteilung eines Geistlichen an eine Diözese
   d) das Sichfestsetzen von Krankheitserregern im Körper
   e) Eingemeindung

15. *Archaisch*
   a) zu einer Inselgruppe gehörend
   b) zur Arche gehörend
   c) altertümlich, veraltet

d) urkundlich

e) baulich, baukünstlerisch

16. *Kinetisch*
   a) das Kino oder Filme betreffend
   b) bewegend, die Bewegung betreffend
   c) das vergleichende Betrachten von technischen Steuerungsvorgängen
   d) gemein, spöttisch
   e) Zucht und Dressur von Hunden betreffend

17. *Ultramontan*
   a) blaue Farbe
   b) Baumgrenze
   c) Bergbaugewerkschaft
   d) über die Welt hinausgehend
   e) streng päpstlich gesinnt

18. *Plutokratie*
   a) Geldherrschaft
   b) die Herrschaft Plutos in der Unterwelt
   c) Regenzeit in heutigen Trockengebieten
   d) Herrschaft der Massen
   e) Herrschaft der Mehrheit

19. *Prärogativ*
   a) die regierenden Kräfte eines Staates
   b) Vorrecht
   c) gesetzgebend
   d) vorweggenommen
   e) vorgefaßte Meinung

20. *Lumineszenz*
   a) das Aussenden von Tönen
   b) vielfarbiges Licht
   c) Glitzern
   d) Maßeinheit für den Lichtstrom
   e) Lichterscheinung, die nicht durch erhöhte Temperatur bewirkt wird

3 Analogien

Warmlauftest

Die Anweisungen für dieses Übungs-Quiz sind die gleichen wie für die anderen. Versuchen Sie jedes der Rätsel, kontrollieren Sie, wie gut Sie darin sind, schreiben Sie die Punkte auf. Nachdem Sie die Antworten verglichen haben, sollten Sie herausfinden, wo Sie bei den falschen Antworten den Fehler gemacht haben. Wenn Sie sich stark genug fühlen, absolvieren Sie den Test unter Zeitdruck.

1. 6 verhält sich zu 36 wie 4 zu
   a) 8   b) 16   c) 24   d) 44   e) 34

2. Stalaktiten verhalten sich zu Stalagmiten wie Decke zu
   a) Dach   b) Boden   c) Fenster   d) Höhle

3. Ein Quadrat verhält sich zu einem Würfel wie ein Kreis zu
   a) einer Pyramide   b) einem Kegel   c) einer Kugel   d) einem Achteck

4. Bücher sind für Büchereien wie Waffen für
   a) Zelte   b) Geschütze   c) Soldaten
   d) Zeughäuser

5. Medaille verhält sich zu Tapferkeit wie Lohn zu
   a) Geld   b) Arbeit   c) Stunden   d) Gewerk-
   schaften

6. Tor verhält sich zu Rot wie Neger zu
   a) schwarz   b) braun   c) Schnee   d) Regen

7. Auto verhält sich zu Benzin wie Mensch zu
   a) Öl   b) Energie   c) Essen   d) Brennstoff

8.

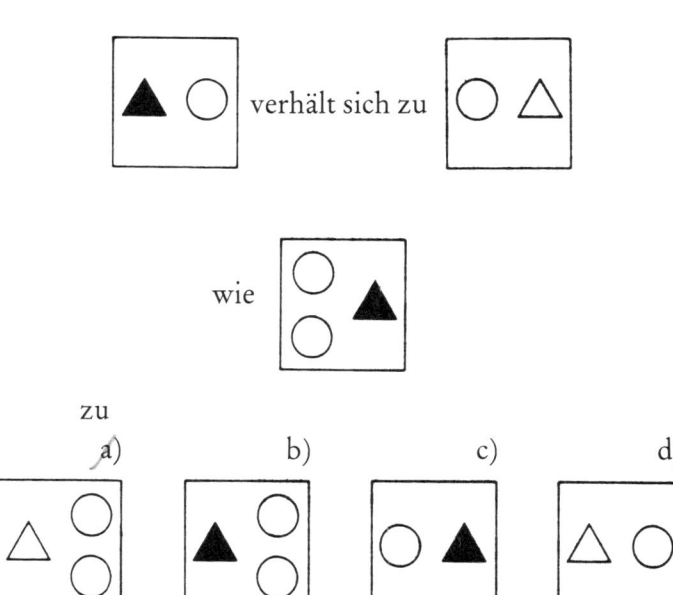

9. Wolken sind für Regen wie Quellen für
   a) einen Fluß   b) den Sommer   c) das Wetter
   d) Boote

59

10. £ verhält sich zu England wie ¥ zu
    a) Frankreich   b) Japan   c) Jemen
    d) Australien
11. Wimbledon ist für Tennis wie Pebble Beach für
    a) Schwimmen   b) Golf   c) Segeln   d) Laufen
12. Gutenberg verhält sich zu Druck wie Mercator zu
    a) Büchern   b) Chemie   c) Landkarten
    d) Astronomie
13. Silber verhält sich zu Metall wie Hafer zu
    a) Getreide   b) Pferden   c) Kuchen
    d) Essen
14. Ein Brunnen verhält sich zu einem Keller wie eine
    Höhle zu einem
    a) Hügel   b) Kellergeschoß   c) Tal   c) Fluß
15. Haut ist für Menschen wie der Rückenschild für
    a) Löwen   b) Katzen   c) Schalentiere
    d) Vögel
16. Solar verhält sich zu Sonne wie terrestrisch zu
    a) Mond   b) Sternen   c) Erde   d) Planeten
17. Geleis verhält sich zu Siegel wie Tafel zu
    a) Tisch   b) Falte   c) Schreibheft   d) Griffel
18. Der Schiefe Turm ist für Pisa wie die Tower Bridge
    für
    a) New York   b) London   c) Edinburgh
    d) Paris
19. Zeus verhält sich zu Jupiter wie Hermes zu
    a) Eros   b) Herkules   c) Merkur   d) Venus
20. Daimler ist für Autos wie Hughes für
    a) Motorräder   b) Flugzeuge
    c) Segelflugzeuge   d) Motorboote

Analogien analysieren

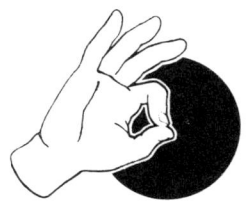

Eine Analogie ist ein Vergleich von Dingen, die einander irgendwie ähnlich sind. Eine Kamera verhält sich dem menschlichen Auge analog, ein Computer dem menschlichen Gehirn. Erziehung läßt sich mit einem Satz Werkzeuge vergleichen.

Allzuoft wird *Ausbildung* mit *Intelligenz* verwechselt. »Der muß ganz schön klug sein mit all den Titeln, die er hat.« Leider ist das alles andere als zutreffend. Eine Ausbildung ist einfach der Erwerb von Information und ein Anzeichen für die Fähigkeit, solche Erwerbungen zu machen. Es wäre relativ leicht für mich, einen erstklassigen Satz Schreiner-Werkzeuge zu erwerben, aber das würde mich noch nicht zu einem guten Schreiner machen. Ob Sie ein Künstler sind, hängt nicht davon ab, wieviele Farben, Pinsel, Leinwand und Staffeleien Sie sich anschaffen. Um ein guter Schreiner zu sein, muß ich zunächst handwerkliches Geschick besitzen. Um ein Künstler zu sein, müssen Sie zuerst Talent haben.

Bei einer Ausbildung ist es genau das gleiche. Ein geschickter Schreiner kann mit einem guten Satz Werkzeuge wunderbare Möbel konstruieren, genau wie ein talentierter Maler mit dem richtigen Zubehör Meisterwerke schaffen kann. Aber geben Sie mal die Schreinerwerkzeuge dem Künstler und die Farben dem Schreiner; wenn nicht beide zufällig doppelt begabt sind, werden die Resultate nicht gerade ermutigend sein. Wenn Sie einem Einfaltspinsel eine Anzahl von Fakten oder Information vermitteln, erzeugen Sie bestenfalls einen schlauen Einfaltspinsel, der die Werkzeuge wahrscheinlich ignorieren oder, schlimmer noch, mißbrauchen wird.

Bezweifeln Sie das? Können Sie sich nicht an einen Lehrer, einen Arzt, einen Rechtsanwalt, einen Geistlichen, einen Chef, einen Psychologen oder sonstigen Angehörigen eines hochgebildeten Berufsstandes erinnern, für den die Bezeichnung »Dummkopf« fast eine Schmeichelei gewesen wäre?

Ein Element dieser nebulösen, undefinierbaren Qualität, die wir »Intelligenz« nennen, ist die Fähigkeit, Dinge, also Gegenstände, Menschen, Ereignisse oder

Umstände zueinander in Beziehung zu bringen. Die Fakten also, die Werkzeuge, die man benutzt, haben einen Einfluß auf die Arbeit, die man tut, aber die Art, *wie* die Werkzeuge eingesetzt werden, ist von viel entscheidenderem Einfluß. Ein wirklich guter Schreiner, der versteht, wie sich die Dinge zueinander verhalten, kann mit den Werkzeugen und Materialien, die er zur Hand hat, eine respektable Arbeit zustandebringen; ein Stümper aber wird seine Arbeit verpfuschen, egal wie gut seine Werkstatt ausgestattet ist.

Was hat all das nun mit Analogie-Fragen zu tun? Diese Art von Fragen testet zwei Faktoren: Bis zu einem gewissen Grad wird Ihr Allgemeinwissen geprüft – Ihr Werkzeugkasten. Wichtiger jedoch ist, daß Ihre Fähigkeit getestet wird, zu erkennen, wie Dinge sich zueinander verhalten, wie Begriffe in Verbindung gebracht werden können. Wenn Sie wissen, daß Sie dazu in der Lage sind, dann können Sie beginnen, unter den verschiedensten Umständen Beziehungen und Verbindungen zu suchen. Wenn, wie zuvor erwähnt, die Kamera dem menschlichen Auge analog funktioniert, dann muß das auch umgekehrt gelten. Vielleicht können dann die Grundprinzipien von Kameras angewandt werden, um ein menschliches Auge zu ersetzen, das versagt hat. Es sollte Sie nicht überraschen, daß die Technologie schon existiert, um genau das zu tun; daß Experimentatoren und Forscher schon nahe daran sind, ein künstliches Auge entwickeln, das mehr als nur kosmetische Zwecke erfüllt.

Als wir einige Mensaner baten, uns zu sagen, wie sie ihre eigene Intelligenz verbessern und entwickeln, waren wir in bezug auf mögliche Antworten völlig offen. Es ist interessant, daß mehrere Antworten, auch wenn sie nicht das spezielle Thema der Analogien ansprachen, dennoch Hinweise auf analogisches Denken und Verhalten brachten. Meine Lieblingsantwort kommt von E. W. Paulsen aus Rosebury, Oregon. Mr. Paulsons Brief war handgeschrieben auf einem gelben, linierten Block, wie sie in Amerika allgemein gebräuchlich sind. Auf der ersten Seite sah man einen mit Bleistift gezeichneten Umriß einer linken Hand. »Ich weiß, Sie sagten ›schreibmaschinengeschrieben, mit doppeltem Abstand, DIN A 4, weiß‹... Der Bleistiftsumriß meiner Hand zeigt, warum ich nicht tippen kann...« Das zeigte er in der Tat. Ich habe Mr. Paulson nie kennengelernt und weiß nichts über ihn (außer der Tatsache, daß er Mensaner ist, und den Angaben in seinem Brief), aber es liegt nahe anzunehmen, daß er an geschwollenen Händen leidet, die ihm das Maschineschreiben unmöglich machen. Analogien sind, wie Sie sehen, ein wichtiger erster Schritt zum folgerichtigen Denken. Aber zurück zu Mr. Paulsons Brief:

»Die vierte Klasse war die beste von meinen zwölf Jahren in der Schule. Nach etwa drei Wochen, während derer sich meine Lehrerin meine Teufeleien hatte gefallen lassen (weil ich eine Menge Zeit hatte, um an andere Dinge zu denken), packte sie mich beim Ohr und setzte mich neben einen anderen Jungen, mit der strikten Anweisung, ihm von jetzt an zu helfen. Ralph war nicht dumm; es dauerte nur länger, bis er etwas kapierte. Die Herausforderung, ihm zu helfen, etwas zu verstehen, machte mir Spaß. Im Verlauf der Erklärungen oder Versuche, die Probleme auf verschiedene Arten darzustellen, lernte ich selbst eine ganze Menge mehr über das Thema. Mein Betragen wandelte sich von unerwünscht in beispielhaft und Ralphs Noten von Vieren und Fünfen in Zweien und Dreien. Statt mich zu langweilen, machte mir die Schule nun großen Spaß, und auch Ralph haßte sie nicht mehr, sondern begann, sie beinahe zu mögen. Dieses schwedische Mädchen, das mich zum Arbeiten brachte, um etwas Ruhe vor mir zu haben, halte ich heute, mehr als fünfzig Jahre danach, für die liebste aller Lehrerinnen, die ich hatte. Noch heute kann ich meine Sicht auf Probleme entwickeln, wenn ich sie zergliedere, um sie anderen zu erklären. Ich bekomme mehr, als ich gebe. Indem ich versuche, die Dinge zurechtzulegen, um einem anderen ein Bild davon zu vermitteln, bekomme ich selbst ein klareres Bild.«

Es muß Mr. Paulson eine große Befriedigung gewesen sein, mehr als ein halbes Jahrhundert lang seine Fähigkeiten zu nutzen, um anderen zu zeigen, wie Dinge sich zueinander verhalten, wie diese Relationen wiederum sich zu einzelnen Personen verhalten, und sein eigenes Bewußtsein von der Welt zu entwickeln, *indem* er anderen half.

Lassen Sie uns aber auf die Werkzeuge zurückkommen. Wie geschickt Sie auch sein mögen, es ist nie möglich, eine Arbeit ohne Werkzeuge auszuführen: Je mehr Werkzeuge und je höher ihre Qualität, desto besser das Ergebnis. Um sich also wirklich Beziehungen – d.h. Analogien – bildlich vorstellen zu können, sollte man sich die Werkzeuge dazu beschaffen. Betty C. Dillingham aus Houston verzichtet auf alle Tricks und Kniffe. »Um meinen Verstand in Form zu halten«, sagt sie, »übe ich nur meine Neugier. Häufig, regelmäßig und uneingeschränkt.« Sie ist, wie sie selbst zugibt, »dem gedruckten Wort verfallen. Ich beobachte alles, was meine Augen erblicken oder meine anderen Sinne mir zutragen. Wenn ich eine Beobachtung mache..., wird meine Neugier geweckt, und schon bin ich unterwegs zu einem neuen intelligenzfördernden Abenteuer von mehr oder weniger entscheidender Bedeutung«.

Das Unterrichten, Erklären und Lernen mit Hilfe von Analogien scheint für intelligente Menschen so selbstverständlich zu sein, daß sie oft ohne viel Nachdenken davon Gebrauch machen. Jean Hopkins Jackson, Mensanerin aus Los Angeles, beschreibt eine interessante Denksport-Technik, die ich dennoch nur widerstrebend empfehlen möchte. Ich glaube nämlich, daß sie eine Fertigkeit erfordert, die im besten Falle schwer zu erwerben ist, wie ich aber vermute, wahrscheinlich angeboren sein muß. Trotz der typischen Ermahnungen in der Kindheit, keine Hausaufgaben zu machen, während das TV läuft, kann Jean tatsächlich lesen und zur gleichen Zeit Radio hören. Nicht nur das: »In einem Klassenzimmer kann ich jetzt gleichzeitig Textbücher lesen und dem Dozenten zuhören.« (Sie erklärte nicht, und ich wagte nicht zu fragen, wie sie Notizen macht.) Wie macht sie das? Um den Vorgang zu beschreiben, benutzt sie eine Analogie, auch wenn es eine ist, mit der sie sich nicht auskennt. »Es scheint, daß ich die Gabe habe, mit beiden Spuren zu jonglieren, etwa so wie die zwei Spuren eines Tonbandgeräts, obwohl ich mit dieser Technologie nicht allzu vertraut bin.«

Vertraut oder nicht, was könnte verständlicher sein?

Sehen Sie jetzt mal, wie gut Sie mit den Analogien fertig werden. Wie wir mehr als einmal betont haben, sollen diese Quizfragen ja in erster Linie Spaß machen. Wenn Sie aber die Fähigkeit entwickeln, Analogien zu erkennen und sich die dazu nötigen Informationen anzueignen, könnte das Ihre Arbeiten, Ihr Denken und Ihre persönlichen Beziehungen entscheidend verändern. Üben Sie. Es lohnt sich.

Analogien
Kopf an Kopf mit Mensa

Testbeginn _____

Testende _____

Benötigte Zeit _____

Wählen Sie das Wort oder die Zahl, die das zweite Paar dem ersten möglichst verwandt macht. Zum Beispiel: Apfel verhält sich zu Birne wie Kalbfleisch zu a) Schweinefleisch   b) Fisch. Die Antwort muß hier »a« lauten, denn Apfel und Birne sind beide Obst, Kalbfleisch und Schweinefleisch beide Fleisch.

1. Kartoffeln verhalten sich zu Erdnüssen wie Äpfel zu
   a) Bananen   b) Lilien   c) Pfirsichen
   d) Tomaten   e) Gurken
2. Spanien ist für Argentinien, was Portugal ist für
   a) Trinidad   b) Brasilien   c) Mexiko
   d) Guyana   e) Kanada
3. Celsius verhält sich zu 0° wie Fahrenheit zu
   a) 100°   b) 0°   c) 32°   d) 212°   e) 112°
4. Drachmen sind für Griechenland wie Pesetas für
   a) Mexiko   b) Italien   c) Kanada
   d) Brasilien   e) Spanien

5. Leben verhält sich zu Nebel wie Mais zu
   a) Heu   b) Getreide   c) Erde   d) Siam
   e) Feld

6. Sandwich verhält sich zu Bouillon wie Hertz zu
   a) Avis   b) Lunge   c) Atü   d) Curie
   e) Pasteur

7. Reich verhält sich zu Geld wie vielblättrig zu
   a) Vase   b) Laub   c) Berg   d) Blume
   e) Hund

8. Die Zahl 2 verhält sich zu 8 wie 5 zu
   a) 15   b) 100   c) 125   d) 10   e) 60

9. 1789 ist für Frankreich wie 1649 für
   a) Deutschland   b) Schweiz   c) Neuseeland
   d) USA   e) England

10. Der Buchstabe A steht zu E wie B zu
   a) C   b) D   c) G   d) H   e) Q

11. Eine Retorte ist für Chemiker wie eine Kasserolle
   für
   a) Maler   b) Ingenieure   c) Schneiderinnen
   d) Köche   e) Rechtsanwälte

12. Fury verhält sich zu Pferd wie Lassie zu
   a) Kuh   b) Vogel   c) Hund   d) Wal
   e) Kamel

13. Palette ist für den Maler wie Brennofen für den
   a) Töpfer   b) Maler   c) Goldschmied
   d) Schriftsteller   e) Koch

14. Ceylon verhält sich zu Sri Lanka wie Konstantinopel zu
   a) Neu Konstantin   b) Leningrad
   c) New York   d) London
   e) Istanbul

15. »Der Rabe« ist für Poe wie »Vom Winde verweht«
für
a) Mitchell   b) Keats   c) Robbins
d) Susann   e) Blake

16. Stern verhält sich zu Sternbild wie Sternbild zu
a) Sonne   b) Erde   c) Milchstraße
d) Planetoiden   e) Mond

17. Zwiebeln verhalten sich zu Porree wie Krokus zu
a) Äpfeln   b) Safran   c) Tulpen   d) Flieder
e) Bananen

18. Reagan ist für Carter wie Truman für
a) Dewey   b) Jackson   c) Kennedy
d) Roosevelt   e) Johnson

19. Halley verhält sich zu Komet wie Broca zu
a) Druck   b) Autoreifen   c) Autos
d) Gehirn   e) Obst

20.

4 Mathematik, Beweisführung und Logik

Warmlauftest

1. Fünf Männer fuhren mit ihren Wagen auf einer Rennstrecke. Es gab kein Unentschieden. Will war nicht der erste. John war weder erster noch letzter. Joe kam direkt nach Will. James war nicht der zweite. Walt war zwei Plätze hinter James. In welcher Reihenfolge kamen die Männer ans Ziel?

2. Ein Soldat wurde vom Feind gefangengenommen. Er war so tapfer, daß sie ihn wählen lassen wollten, wie er getötet werden wollte. Sie sagen ihm: »Wenn du eine Lüge sagst, wirst du erschossen, wenn du die Wahrheit sagst, wirst du gehängt.« Er darf nur eine Aussage machen. Er sagte den Satz und blieb am Leben. Was sagte er?

3. Sie gehen mit 60 DM einkaufen. Sie geben ein Viertel davon für Kleider aus, 30 DM für Zubehör für Ihren Heimcomputer und 10 % des Originalbetrags für Essen. Wieviel Geld bleibt Ihnen übrig?

4. Wenn Sallys Tochter die Mutter meines Sohnes ist und ich männlich bin, was bin ich dann für Sally?

5. Setzen Sie in der folgenden Zahlenreihe die fehlende Zahl ein: 35, 28, 21, ...

6. Wie weit wäre es bis Moskau nach den Regeln, die im folgenden Straßenschild gebraucht werden?

7. Eine Tasse und eine Untertasse wiegen zusammen 120 Gramm. Die Tasse wiegt doppelt soviel wie die Untertasse. Wieviel wiegt die Untertasse?

8. Welche Figur kommt als nächste in der folgenden Reihe?

9. Normalerweise besiegt Paul Patty beim Kricketspiel, aber er unterliegt gegen Joe. Tom gewinnt meistens gegen Patty und manchmal gegen Paul, aber Joe kann er nicht schlagen. Wer ist wohl der schlechteste Spieler?

10. Die Wortbeispiele in Klammern sind nach einer bestimmten Regel gebildet worden. Sie haben einen Bezug zu den Wörtern der ersten und letzten Spalte. Nach derselben Methode sollen Sie das fehlende Wort einsetzen.

Rose	(Robe)	Besen
Sorte	(Sofa)	Faß
Regen	(Rest)	Stein

11. Sie arbeiten in einem Geschäft, wo im Warenlager große Unordnung herrscht. Drei Kästen mit Socken sind falsch beschriftet. Auf den Schildern steht »Rote Socken«, »Grüne Socken« und »Rote und Grüne Socken«. Wie können Sie die Kästen richtig beschriften, indem Sie nur einen Socken aus einem Kasten herausnehmen?

12. Nach der Regel, die bei der untenstehenden Zahlenreihe gebraucht wurde, sollen Sie die nächsten beiden Zahlen an den richtigen Stellen hinzufügen:

$$
\begin{array}{ccc}
1 & 4 & 7 \\
\hline
23 & 56 &
\end{array}
$$

13. Joe hat rote Haare. Manche Leute mit roten Haaren sind schrecklich launisch. Also ist Joe schrecklich launisch. Richtig, falsch oder nicht zu entscheiden?

14. Ihr Freund hat ein neues Papier-und-Bleistift-Spiel erfunden; es geht wie Tic-tac-tre, nur daß man mit drei in einer Reihe *verliert*. Sie sehen hier eine Zeichnung des Spiels. Sie haben 0 und sind am Zuge. Was müssen Sie machen? (Denken Sie daran, drei in einer Reihe verliert.)

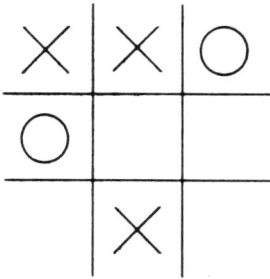

15. Welche beiden Zahlen kommen als nächste in der folgenden Reihe?

1 6 2 7 3 8 ? ?

(handschriftlich: 4 9)

16. Eine Frau sammelt alte Schnupftabakdosen. Sie kauft zwei, aber weil ihr Geld fehlt, muß sie sie bald wieder verkaufen. Sie verkauft sie für je 600,– DM. Bei einer verdient sie 20 %, bei der anderen hat sie 20 % Verlust. Hat ihr das Geschäft im Endeffekt Gewinn oder Verlust gebracht? Und wieviel?

17. Eine 40 m lange Kette von durchgehend einheitlichem Gewicht hängt zwischen zwei Häusern, beide Enden sind in der gleichen Höhe angebracht. Wenn die Entfernung vom Aufhängepunkt zum niedrigsten Punkt der Kette 20 m beträgt, wie weit sind die Gebäude auseinander?

18. Im Konzertsaal liegen vier Sitzplätze nebeneinander. Philip sitzt neben Sally, aber nicht neben Gerald. Wenn Gerald nicht neben John sitzen will, wer sitzt neben John?

19. Ein Mann bestellt ein Taxi für 3 Uhr nachmittags zum Bahnhof, um damit zu einer Besprechung zu fahren. Er kommt aber mit dem früheren Zug und ist schon um 2 Uhr da. Er beschließt, schon mal zu Fuß zu gehen, und wird dann unterwegs vom Taxi mitgenommen. Er kommt zwanzig Minuten zu früh zu seiner Verabredung. Wie lang war er zu Fuß unterwegs?

20. Eine Frau kauft zwei Dutzend Äpfel und ein Dutzend Orangen. Sie macht einen Apfelkuchen mit der Hälfte der Äpfel und Orangensaft aus sechs Orangen. Als sie das nächstemal einkaufen geht, kauft sie halb soviel Äpfel und Orangen, wie sie noch übrig hat. Wie viele Früchte hat sie nun insgesamt?

Alles in Allem

Warum werden Mathematik, Beweisführung und logische Fragen in einer einzigen Gruppe zusammengeworfen?

Als diese Frage unserer Test-Expertin Dr. Abbie Salny gestellt wurde, antwortete sie: »Viele Leute wollen nicht gern mit einer Menge mathematischer Fragen auf einmal konfrontiert werden. Es langweilt sie. Manche werden dadurch auch eingeschüchtert.« Natürlich gibt es viele Leute, die sehr gern mathematische Probleme lösen, aber sie scheinen doch in der Minderheit zu sein. Ebenso bilden diejenigen eine Minderheit, die Mathematik regelrecht hassen, hauptsächlich wohl, weil sie sie nicht ganz verstehen. Wenn Mathematik das einzige Kriterium für den IQ-Wert wäre, der für die Mensa-Mitgliedschaft qualifiziert, dann hätte ich nicht einmal versucht mitzumachen. Ich halte es für einen beachtlichen Erfolg, wenn ich schon beim zweiten Versuch den Saldo meines Scheckbuchs übersehen kann. (Ich bin vielleicht einer der wenigen Leute, die nach einer Steuerprüfung tatsächlich einmal Anspruch auf

Steuerrückerstattung hatten; ich hatte nämlich einen schwerwiegenden Fehler beim Zusammenrechnen meines Brutto-Einkommens gemacht.)

Es gibt noch einen guten Grund dafür, Mathematik, Beweisführung und logisches Denken zusammenzugruppieren. Wenn Sie es recht bedenken, werden Sie sehen, daß es vernünftig und logisch ist – es ergibt sich so.

In der Mathematik gibt es kein Streiten. Es kann immer nur eine richtige Antwort geben. Natürlich gibt es oft eine heftige Diskussion darüber, wie man zu dieser richtigen Antwort kommt. Das ist dann der Grund dafür, daß Leute mit Geschick für Mathematik oft mit verschiedenen Antworten zum gleichen Problem aufwarten können. Je komplizierter das Problem ist, desto größer die Wahrscheinlichkeit, daß es mehr als eine richtige Antwort geben wird. Warten Sie einen Moment – habe ich nicht gerade gesagt, daß es in der Mathematik nur eine richtige Antwort geben kann? Hier ist der Punkt, wo Beweisführung und Logik dazukommen. Wenn Sie Ihren Stoff kennen, werden Sie den mathematischen Schritten in logischer Ordnung folgen, um zu einer Lösung zu kommen.

Häufig sind solche logischen Vorgänge etwas abstrakt, perfekt anwendbar nur in der »reinen« Mathematik, aber weniger praktisch im wirklichen Leben. Wenn Sie mit einem Problem konfrontiert werden, das so beginnt: »Nehmen Sie an, Sie reisen mit Lichtgeschwindigkeit...«, dann müssen Sie kein Mathematiker sein, um festzustellen, daß Sie es hier mit einer Übung in geistiger Gymnastik zu tun haben, und nicht mit etwas, das Ihnen in Ihrer täglichen Routine begegnen könnte. Deshalb ist es manchmal nötig, ein Problem vom Standpunkt des Logischen her in Angriff zu nehmen, es dann aber im Rahmen des Möglichen und Machbaren zu untersuchen. Das Leben ist leider nicht immer logisch. (Es ist es jedoch in diesen Quizfragen, so daß Sie sich zumindest jetzt keine Sorgen darüber machen müssen.)

Es kann Spaß machen und gewinnbringend sein, das Hirn mit selbstauferlegten mathematischen Problemen zu traktieren. Brenda Evans Hart entdeckte vor einigen Jahren mitten im Gedränge und Wahnsinn des Straßenverkehrs von Houston, »daß, wenn ich mir nicht etwas ausdenken würde, um mich zu beruhigen und Geduld zu entfalten, ich entweder an einer Herzattacke sterben oder den nächsten Wagen rammen würde«. Sie begann damit, den Lokalsender mit klassischer Musik einzuschalten und fand, daß »der Metronom-ähnliche Takt (der Musik) eine beruhigende Wirkung auf meine Nerven hatte«. Eine interessante Beobachtung: Haben Sie schon einmal die enge Beziehung zwischen Musik und Mathematik bemerkt – halbe und Viertelnoten, die zahlenmäßigen Bezeichnungen der Tempi (ein Walzer wird

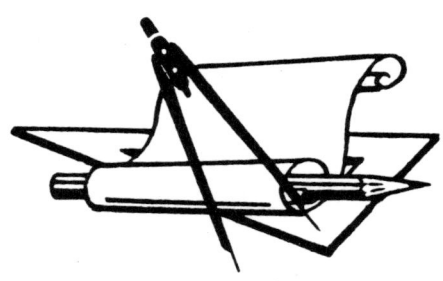

im Dreivierteltakt gespielt), die zahlenmäßige Einteilung der Musikabschnitte (acht Takte pro Periode) etc.? Brenda fand bald heraus, daß sie, während die Musik sie beruhigte, etwas brauchte, um ihren nunmehr ruhigeren Kopf zu beschäftigen, und so begann sie, sich mathematische Probleme auszudenken, die zu ihrer Umgebung paßten. »Wenn ich zwanzig Meilen von meinem Arbeitsplatz entfernt wohne«, schreibt sie, »und zwei Stunden brauche, um nach Hause zu kommen, nachdem ich fünfundvierzigmal auf der Autobahn stoppen mußte, was ist meine Durchschnittsgeschwindigkeit ... und wäre ich zu Fuß schneller gewesen?« Das, behauptet sie, hatte einen zusätzlichen Beruhigungseffekt. »Bevor ich es merkte, war ich zuhause, aus dem Verkehr heraus, und fühlte mich bestens. Ich nahm diese anregende Heiterkeit vom Auto mit nach Hause«, schrieb sie, »und ertappte mich dabei, wie ich zu den Klängen von Bach an alten Textaufgaben vom College arbeitete, wenn mir das Leben ein bißchen zuviel wurde.« (Jedem das Seine: Ich würde mich an Bach halten, und die Integralgleichungen mit einem Kreuzworträtselheft vertauschen, vielen Dank.) Brenda verlegte ihre geistige Gymnastik in ihr Büro (»Mein Chef dachte, ich sei sehr beschäftigt, und war ganz froh darüber.«), wo sie außerdem begann, eine Variante des Wörterbuch-Spiels zu spielen (im Kapitel »Wortschatz« beschrieben). Dies wiederum führte dazu, daß sie sich in die englische Sprache verliebte und lernen wollte, sie noch besser zu beherrschen.

Während sie diese Methoden zur Steigerung der Intelligenz von ganzem Herzen empfiehlt, schließt sie zwei warnende Bemerkungen mit ein: Erstens besteht sie darauf, daß es eine kontinuierliche Anstrengung sein muß, da man, wie bei vielen Aktivitäten, aus der Übung kommt, wenn man sie nicht pflegt. Zweitens ist sie eine überzeugte Verfechterin körperlicher Fitneß. Ansonsten besteht sie darauf, daß ihre Methoden funktionieren, zumindest bei ihr selbst. »Wenn die Fähigkeit, bei einem Test ein gutes Ergebnis zu erlangen, ein Hinweis darauf ist, daß man klug ist«, schreibt Brenda Evans Hart, »ja, dann bin ich heute klüger als vor einigen Jahren, denn vor einigen Jahren würden mich meine Testergebnisse nicht in Mensa hineingebracht haben. Die Verbesserung meiner analytischen Fertigkeiten verdanke ich dem Versuch, durch geistige Disziplin und körperlich gute Verfassung mit Wahnsinn und Langeweile fertigzuwerden.« Sie unterschreibt ihren Brief mit »Sincerely« (aufrichtig), und ich glaube ihr.

In vielen Diskussionen hat der Sieger gewöhnlich Vernunft und Logik auf seiner Seite (obwohl sie allzu oft von Gefühl und Vorurteilen überschattet werden). Nancy Reller aus Kent, Ohio, hat eine Technik entwickelt, die ihr eigenes Denken schärft und sie mit Vernunft und Logik wappnet, wenn es die Situation erfordert. Diese Inspiration kam auch ihr mitten im Verkehr. »Eines Morgens, auf dem Weg zur Arbeit«, erzählt sie, »lauschte ich einer Diskussion im Radio darüber, ob Achtzehnjährige das Wahlrecht haben sollten. Der Ansager forderte die Zuhörer auf, anzurufen und ihre Meinung zu sagen, und ich beschloß, das zu tun, sobald ich auf meiner Arbeitsstelle angekommen wäre, denn das war ein Thema, das mich emotional sehr stark berührte. Doch da wurde mir auf einmal schlagartig klar, daß ich in Wirklichkeit gar nicht genau wußte, was meine Meinung war, und noch weniger fähig war, diese klar und in wenigen Worten darzulegen.«

Diese Erkenntnis schockierte sie, weil sie fühlte, daß es ein Thema war, in dem sie gut Bescheid wußte. Es ist allerdings ein Zeichen ihrer Intelligenz – zumindest meiner Meinung nach –, daß sie imstande war, klar zu erkennen, was sie *nicht* konnte. »Ich vergaß den Anruf«, fuhr sie fort, »und begann, alles zu Papier zu bringen, was mir zu dem Thema einfiel, ob wichtig oder nicht.« In einer Ein-Frau-Brainstorming-Session entdeckte sie, daß, was zu Beginn unwichtig erschienen war, nun neue Bedeutung annahm. Sie studierte ihre Liste, suchte aus, was sie als »die besten Fakten« betrachtete, arrangierte sie in einer logischen und vernünftigen Folge und verfaßte daraus eine kurze Abhandlung. Diese wurde aufs neue studiert und die ganze Sache einige Male umgeschrieben. Endlich konnte sie sagen: ›Dies ist kurz und bündig meine Meinung!‹ Ich vermute, daß es schwer gewesen wäre, dagegen zu argumentieren«.

Der Gebrauch mathematischer Präzision, Logik und Beweisführung scheint nun das Privileg von Leuten mit besonders geordneten Gedanken zu sein. Welche Hilfsquellen stehen aber denen von uns zur Verfügung, deren Gedanken und Taten eher planlos abzulaufen scheinen? Da Logik und Vernunft in dem Paket, das ich bei der Geburt mitbekam, anscheinend gefehlt haben, mußte ich einen angemessenen Ersatz finden. Meine eigene Methode sollte mir eigentlich eine Dankbarkeits-

erklärung einbringen von den Leuten, die Karteikarten herstellen. Wenn ich einen Artikel oder ein Buch zusammenstellen muß, recherchiere ich zuerst alles, auch auf Band gesprochene Interviews, sehe dann alles sorgfältig durch und hole die Fakten und anderen nützlichen Teile der Daten heraus – Eindrücke, Zitate, »Farbe« etc. Jedes dieser Datenfragmente wird dann auf eine gesonderte Karteikarte übertragen (nicht unbedingt wortwörtlich; ich benutze oft ein einfaches Querverweissystem). Dann beginne ich, auf weiteren Karten die allgemeinen Elemente zu notieren, die in die Arbeit einbezogen werden sollen. Das geschieht gewöhnlich ziemlich überstürzt, so wie sie mir gerade einfallen, ohne auf Details und Ordnung zu achten; jede Idee bekommt jedenfalls eine eigene Karte. Dann arrangiere ich die Ideenkarten in einer, wie ich hoffe, logischen Folge. Jetzt habe ich einen brauchbaren Umriß, und ich brauche nur noch die Faktenkarten hinter die passenden Ideenkarten zu stecken. Der nächste Schritt besteht darin, die Karten in jedem Teil in einer mehr oder weniger vernünftigen Reihenfolge anzuordnen, wonach dann nichts weiter zu tun bleibt, als alles niederzuschreiben. Es scheint zu funktionieren. Wie gut es funktioniert, können Sie selbst beurteilen, denn Sie halten ein Produkt solcher Mühen gerade in Händen.

Richard Hazelett aus Provo, Utah, hat eine vollendete Version dieser Technik erfunden, die ihm behilflich sein soll, sein Wissen und seine geistige Tatkraft zu mehren. In einem bisher noch nicht veröffentlichten Essay mit dem Titel »How not to be scatterbrained – Sometimes« schreibt er: »Um meinen Geist anzuregen und wenn ich ein Problem lösen muß, schreibe ich jede Idee, jede Frage, jede Aufgabe, jedes Zitat, das in der Bücherei gesucht werden muß, auf einen *separaten* Zettel in Taschenformat. Ich hebe die Problemzettel in meiner Brieftasche auf, so wie Lincoln sie in seinen Zylinderhut zu stecken pflegte, und gehe sie dann und wann durch.« Die Ideenzettel werden nach Projekten sortiert. »Wenn das Objekt ein Artikel oder ein Buch ist«, behauptet er, »dann schreibt es sich auf diese Weise fast von selbst«, eine Behauptung, die ich aufrichtig bestätigen kann. »Aufgaben werden nach Priorität und Bequemlichkeit sortiert.« Damit man nicht den Eindruck bekommt, Richards Brieftasche müsse furchtbar dick sein, fügt er hinzu, daß auch Hilfsmittel wie Hängeordner äußerst nützlich sind.

Sie sehen also: Auch wenn Sie keine Neigung zur Mathematik verspüren und es Ihnen nicht gelingt, Ihre Ideen oder Ihr Leben logisch zu ordnen, wenn Sie eher Ihr Gefühl über die Vernunft siegen lassen – es gibt trotzdem Wege, das zu kompensieren.

Alles, was Sie tun müssen, ist, logisch und vernünftig darüber nachzudenken, wie man logisch und vernünftig wird.

Mathematik, Beweisführung und Logik
Kopf an Kopf mit Mensa

Testbeginn _____

Testende _____

Benötigte Zeit _____

1. Ein Mann besucht seinen Freund, der dreißig Kilometer entfernt wohnt. Er fährt 60 km in der Stunde und ist in einer halben Stunde da. Auf dem Rückweg hat er Ärger mit seinem Auto, und es dauert eine Stunde, bis er zu Hause ist. Was war die Durchschnittsgeschwindigkeit hin und zurück?

2. Sie sind in einem Land, wo es nur zwei Arten Menschen gibt: Lügner und solche, die immer die Wahrheit sagen. Äußerlich kann man sie nicht voneinander unterscheiden. Sie befinden sich auf einer gefährlichen Fahrt, denn an der Abzweigung der Straße führt ein Weg zu einem Krokodilsumpf, der andere in Sicherheit. Ein Straßenschild gibt es nicht, also fragen Sie zwei Leute, die da stehen. Sie wissen, daß Ihnen jeder nur eine Frage beantworten wird. Welche Fragen werden Sie den beiden stellen, um herauszufinden, welcher Weg sicher ist?

3. Ein Pferdehändler ging mit einer Anzahl Pferde zum Pferdemarkt. Dem ersten Käufer verkaufte er

die Hälfte seiner Pferde plus ein halbes Pferd. Dem zweiten verkaufte er die Hälfte von denen, die übrig waren, plus ein halbes Pferd. Auch dem letzten verkaufte er die Hälfte von dem, was übrig war, plus ein halbes Pferd. Jeder der Käufer erhielt ganze Pferde, keine halben, und es blieben keine Pferde übrig. Wie viele Pferde hatte er zu Beginn?

4. 0 1 2 3 4 5 6 7+8−9 = 1

Setzen Sie die passenden Plus- und Minuszeichen zwischen die Ziffern, so daß die Endsumme 1 ergibt.

5. Ein Mann ging in ein Juweliergeschäft und kaufte eine Kette für 75 DM. Er gab dem Verkäufer einen 100-Mark-Schein. Kurz danach kam er zurück und kaufte ein neues Schnappschloß, gab einen 20-Mark-Schein und erhielt 5 DM zurück. Später erfuhr der Juwelier bei der Bank, daß sowohl der 100-Mark-Schein als auch der 20-Mark-Schein falsch waren. Wenn man Gewinnspanne, allgemeine Kosten und Einstandspreis der Ware außer acht läßt: Wieviel Geld hat der Laden verloren?

6. Sie spielen ein neues Spiel mit Zahlenwürfeln. Die Zahlen auf den Würfeln sind hier unten angegeben. Gewonnen hat, wer zuerst genau 100 Punkte erreicht, und zwar mit sowenig Zahlen wie möglich und ohne Wiederholungen. Welche Zahlen brauchen Sie?

5   17   19   37   41   46   50   66

7. Robert und Rose gingen zusammen Geschenke kaufen. Sie besaßen zusammen 264 DM. Rose hatte am Anfang 24 DM mehr, aber sie gab doppelt soviel aus wie Robert und besaß am Ende nur noch zwei Drittel des Betrages von Robert. Wieviel Geld hat Robert ausgegeben?

8. Nächste Woche will ich mit meinem Freund essen gehen, die neue Kunstgalerie besuchen, auf dem Sozialamt etwas erledigen und beim Zahnarzt meine Zähne nachsehen lassen. Am Mittwoch kann mein Freund nicht kommen, das Sozialamt ist am Wochenende geschlossen, die Galerie hat dienstags, donnerstags und am Wochenende zu, und die Sprechstunden beim Zahnarzt sind nur Dienstag, Freitag und Samstag. Wann kann ich all das erledigen, was ich mir vorgenommen habe?

9. Wenn ein Jet den Wert 1 hat und ein Clipper den Wert 2, was ist der Wert einer Concorde?

10. Vervollständigen Sie die Zahlenreihe, indem Sie die nächste Zahl hinzufügen: 0 0 1 2 2 4 3 6 4

11. Multiplizieren Sie in der folgenden Zahl die Anzahl der Neuner, hinter denen eine 2 steht (nicht die Neuner, hinter denen eine 7 steht), mit 6:

9256312397986413492892929596

12. X ist kleiner als Y; Y ist nicht gleich Z. Deshalb ist die Behauptung: X ist nicht gleich Z
    a) richtig   b) falsch   c) nicht entscheidbar

13. Ein Mann wettet 24 DM und erhält seinen Einsatz zurück plus einen Gewinn von 48 DM. Er gibt 25 Prozent seines Gewinns aus, um im Restaurant zu feiern, und 50 Prozent, um seiner Frau ein Geschenk zu kaufen, weil er so spät nach Hause kommt. Ursprünglich war er mit 240 DM zur

Rennbahn gekommen. Wieviel Geld hat er noch, wenn er endlich nach Hause kommt?

14. Was ist die nächste Zahl in der folgenden Reihe?

$$-2, \ 4, \ -12, \ 48, -240, \ \ldots$$

15. Sie sind bei einem Treffen mit Leuten, die entweder lügen oder die Wahrheit sagen. Eine Frau sagt Ihnen, der Vorsitzende der Gesellschaft habe ihr erklärt, er sei ein Lügner. Ist sie nun eine Lügnerin, oder sagt sie die Wahrheit? Und woraus schließen Sie das?

16. Drei Jugendliche betreten einen ungewöhnlichen Kleiderladen. Der Besitzer erklärt, er nehme für einen Hut 3 DM, für eine Jacke 5 DM und für ein Hemd 4 DM. Was würde ein Mantel kosten?

17. Wieviel Minuten vor sechs Uhr ist es, wenn es vor fünfzig Minuten viermal soviel Minuten nach drei war?

18. Ein Mann hat gerade sein Haus fertig gestrichen und braucht noch etwas. Im Eisenwarengeschäft zeigt ihm der Verkäufer, was er sucht, und sagt: „Eine kostet eine Mark." „Gut", sagt der Mann, „ich brauche 600, hier sind drei Mark." Was hat er gekauft?

19. Wieviele Seiten mit ungerader Seitenzahl sind in einem Buch mit 479 Seiten?

20. Welche Zahl fehlt in der folgenden Reihe?

$$3 \quad 7 \quad 15 \quad \ldots \quad 63 \quad 127$$

5 Klassische Klamotten

Warmlauftest

1. Wenn eineinhalb Teenager eineinhalb Pizzas in eineinhalb Tagen essen können, wieviel Pizzas kann ein Dutzend Teenager in drei Tagen essen?

2. Wie weit kann ein Hund in den Wald laufen?

3. Sie haben zwei Sanduhren, eine von sieben, die andere von elf Minuten, und wollen ein Ei fünfzehn Minuten lang kochen. Was machen Sie?

4. In einer fremden Stadt gibt es nur zwei Friseure. Sie sehen sich die Läden an. Einer ist schmuddelig und durcheinander, der Friseur selbst hat einen fürchterlichen Haarschnitt. Im anderen Laden ist alles sauber und ordentlich, der Haarschnitt des Friseurs ist makellos. Bei wem werden Sie sich die Haare schneiden lassen und warum?

5. Sally kommt zur Schule, sie will ein bißchen angeben und erzählt allen Kindern, daß heute ihr Vater und ihr Großvater Geburtstag haben und daß beide genau gleich alt sind. Die Lehrerin sagt ihr, das sei unmöglich, aber Sally besteht darauf, daß sie recht hat. Kann sie recht haben?

6. Wenn Sie lauter einzelne schwarze und braune Socken in Ihrer Schublade haben, vermischt im Verhältnis 4 zu 5, wieviele Socken müssen Sie herausnehmen, um mit Gewißheit ein Paar derselben Farbe zu bekommen?

7. Sechstausendsechshundertsechs Mark wird in Ziffern so geschrieben: 6606 DM. Jetzt schreiben Sie bitte elftausendelfhundertelf, so schnell Sie können!

8. In Ihrer Stadt gibt es eine sehr niedrige Eisenbahnunterführung. Eines Tages sehen Sie einen großen Lastwagen davor stehen. Der Fahrer ist ratlos, sein LKW ist 3 cm höher als die angegebene Durchfahrtshöhe. Es ist der einzige Weg zu seinem Ziel. Was kann er tun, um durchzukommen?

9. Auch wenn Sie nie Französisch gelernt haben, sollten Sie das Folgende verstehen:

    Si dans des fils d'avec
    Si laquel si d'ami cher

10. Ich habe zwei Münzen, zusammen 60 Pfennig. Eine davon ist kein Groschen. Welche Münzen habe ich?

11. Setzen Sie im folgenden Satz die Satzzeichen so, daß er einen Sinn ergibt:

    Jim hatte hatte gehabt wo Bill hatte gehabt gehabt hatte hatte gehabt hatte es heißen müssen.

12. In Ihrem Bücherregal steht eine dreibändige Musil-Ausgabe. Unglücklicherweise haben Sie einen Bücherwurm, der Ihre Bücher auffrißt. Jedes der Bücher ist 5 cm dick, die Einbände haben je ½ cm. Wenn der hungrige Bücherwurm an der Titelseite des Einbands des ersten Bandes zu fressen beginnt

und sich bis zur letzten Seite des dritten Bandes durchfrißt, bevor Sie ihn entdecken, wie viele Zentimeter Buchmaterial hat er gefressen?

13. Teilen Sie 100 duch ½ und zählen Sie 10 dazu. Was ist das Ergebnis?

14. Sie haben eine Münze in die Luft geworfen, und zum zehntenmal hintereinander war „Kopf" oben. Wie groß ist die Wahrscheinlichkeit, daß „Kopf" beim nächsten Mal wieder oben liegt?

15. Ein Mann jagt einem Bären nach, der sein Camp angegriffen hat. Er erzählt später, daß er natürlich nach Süden gelaufen ist. Welche Farbe hatte der Bär?

16. Ein junger Forscher ruft aufgeregt seinen Expeditionschef an, um ihm mitzuteilen, daß er gerade eine goldene Münze gefunden habe mit der Aufschrift „6 v. Chr.". Der Expeditionschef entläßt ihn. Warum?

17. Sam Jones wohnt im 18. Stock eines Hochhauses. Jeden Morgen, wenn er zur Arbeit geht, steigt er in den Fahrstuhl, drückt auf den Knopf „Erdgeschoß" und fährt hinunter. Wenn er abends nach Hause kommt und allein im Fahrstuhl ist, steigt er im 6. Stock aus und geht den Rest zu Fuß. Er würde lieber Fahrstuhl fahren. Warum geht er zu Fuß?

18. John möchte gern die Wahl in seinem Club gewinnen, aber es sind noch zwei andere Kandidaten da, und alle haben die gleiche Anzahl von Stimmen bekommen. Sie beschließen, die Wahl durch Los zu entscheiden. John schreibt den Namen des einen Gegners oben auf einen Zettel, seinen eigenen

Namen in die Mitte und den seines anderen Gegners darunter. Dann reißt er den Zettel auseinander, legt die Streifen in einen Hut und bietet sich an,
einen Namen herauszuziehen. Wie kann er sichergehen, daß er gewinnt, auch wenn er die Augen fest
verbunden hat?

19. Ein armer, aber ehrlicher Ritter möchte eine schöne
Prinzessin heiraten, und sie will ihn auch. Der
König gibt dem Ritter eine Chance. Er könne einen
von zwei Zetteln aus einer goldenen Schachtel ziehen. Auf einem stehe „Heirat", auf dem anderen
„Tod". Die Prinzessin flüstert jedoch ihrem Freier
zu, daß auf beiden Zetteln „Tod" geschrieben
stehe. Aber der Ritter und die Prinzessin heiraten
doch. Wie brachte er das fertig?

20. Ein Geschäft in der Stadt offeriert ein kleines Radio
für 20 DM. Die Konkurrenz bietet das gleiche
Radio an für nur eintausendneunhundertneunund-
neunzig Pfennig. Wieviel sparen Sie, wenn Sie dort
kaufen?

Die kniffligen Klassiker

Wenn Ihnen einige der Übungsfragen, die Sie gerade durchgegangen sind, bekannt vorkamen, dann deshalb, weil sie seit Ewigkeiten im Umlauf sind. Viele davon testen Wissen, Logik und die Fähigkeit, Schlüsse zu ziehen. Manche wiederum sind sogenannte »Trickfragen«. Die Beziehung von Trickfragen zur Intelligenz ist es wert, ein bißchen näher betrachtet zu werden.

Zunächst möchte ich die Behauptung aufstellen, daß wir uns mit den Jahren kulturell angewöhnt haben, das Denken als etwas Unnötiges aufzugeben. Nachrichten, Informationen, Unterhaltung, medizinische Versorgung, Essen, Waren – alles wird uns fix und fertig zubereitet geliefert, in sauberer Verpackung, vorverdaut, vorbehandelt. Nur noch mit Wasser anrühren. Wir haben die Gewohnheit abgelegt, selbst zu denken.

Intelligenz hat zu tun mit der Fähigkeit zu denken, und ein abgeschlossener IQ-Test setzt in größerem oder kleinerem Umfang das Vorhandensein von Intelligenz voraus. Aber das IQ-Ergebnis ist lediglich der Index eines Potentials. Ob die Größe dieses Potentials beim einzelnen veränderlich oder dehnbar ist, ist Gegenstand heftiger Diskussion. Bis zu welchem Grad aber das Potential genutzt wird, bietet keinen Streitpunkt. Entweder man gebraucht es, oder man gebraucht es nicht. Auch mit den besten Absichten freilich kann man es schwerlich nutzen, wenn es durch Grenzen eingeschränkt wird.

Wenn Sie in diesem Buch bis hierher gekommen sind, dann haben Sie mittlerweile wahrscheinlich eine ganz gute Vorstellung von Ihrem eigenen Potential. Falls Sie annehmen, Sie hätten einen hohen IQ, dann machen Sie einen Fehler, wenn Sie glauben, das allein genüge, um Sie als »intelligent« zu qualifizieren. Wenn Ihre Ergebnisse andererseits niedriger sind, als Sie gern gewollt hätten, dann wäre es ebenso falsch, anzunehmen, Sie könnten nichts an Ihrer Intelligenz tun. Das ist schon vorher gesagt worden, aber man kann es ruhig wiederholen. Übung macht den Meister, und was nicht gebraucht wird, verkümmert.

Sie brauchen keine Lehrer, Berater, Psychologen oder Gurus, die Ihnen helfen, Ihre Intelligenz zu steigern. Alles, was Sie brauchen, ist der Wunsch, es zu tun, und die Initiative, sie zu üben. Stellen Sie Fragen. Versuchen Sie, alles zu verstehen, auch wenn es Ihnen mehrmals erklärt werden muß. Lassen Sie Ihrer Neugier freien Lauf. Und was das Wichtigste ist: Befreien Sie sich von den geistigen Grenzen, die ich oben erwähnte.

Das bringt uns zurück zu den Trickfragen. Sie sind deshalb so trickreich, weil sie davon ausgehen, daß Ihr Denken so geprägt ist, daß es sich in bezug auf eine

gegebene Information immer nur in eine Richtung bewegt. Wenn man Ihnen die Antwort sagt, kommen Sie sich ein bißchen dumm vor, vielleicht ärgern Sie sich auch, weil man Sie reingelegt hat. Sie erkennen nämlich sofort, daß Sie die Antwort hätten wissen müssen, wenn Sie nur nachgedacht hätten. Aber Sie konnten gar nicht nachdenken, weil Ihr Denkprozeß in eingefahrenen Bahnen verlief.

Weit hergeholt? Melodramatisch? Versuchen Sie es selbst bei Ihren Verwandten und Freunden mit den folgenden alten Hüten: Erst mal führen Sie sie aufs Glatteis – lenken Sie ihren Denkprozeß in die gewünschte Bahn; dann hauen Sie sie um mit den richtigen Antworten und warten ab, was passiert. Zur Einleitung beginnen Sie mit den »schottischen Namen«. (Das sollte mündlich gemacht werden, es ist zu leicht zu lösen, wenn man es geschrieben sieht.) Bitten Sie Ihr Opfer, den buchstabierten Namen M-A-C-T-A-V-I-S-H auszusprechen. Nachdem er oder sie das getan hat, versuchen Sie M-A-C-C-A-R-T-H-Y, dann M-A-C-D-O-U-G-A-L. Sie können beliebige andere »Mac«-Namen nehmen, solang sie echt sind. Dann bitten Sie den Nichtsahnenden, die Reihe M-A-C-H-I-N-E-S auszusprechen. Wie Sie sehen, heißt das »machines« (Maschinen), aber wenn Ihr Opfer jetzt nicht »MacHines« antwortet, dann können Sie mit Sicherheit annehmen, daß er oder sie schon früher mal in die Falle gegangen ist. Durch das Buchstabieren der »Mac«-Namen haben Sie das Denken des Zuhörers wirkungsvoll beeinflußt und ihn geradewegs auf einen vorbestimmten, doch leider falschen Weg geführt.

Hier ist noch so eine Aufgabe, die besser mündlich als schriftlich gemacht wird. Wie spricht man Folgendes aus:

$$T \quad R \quad E$$
$$I \quad B \quad S$$
$$A \quad T \quad Z$$

Wieder führen Sie Ihr Opfer aufs Glatteis, indem Sie die Buchstaben in Dreiergruppen anordnen (so wie ich es mit dem Quadrat versucht habe), und wieder beeinflussen Sie sein Denken. Sie werden wahrscheinlich eine Antwort bekommen, die wie ein dreisilbiges deutsches Wort klingt, aber Sie kennen es nicht. Es ist auch keines. Sind Sie in die Falle gegangen? Haben Sie mir gestattet, Ihren Denkprozeß zu beeinflussen? Oder konnten Sie die Grenzen durchbrechen, haben einfach die Buchstaben aneinandergereiht und sind so zu TREIBSATZ gekommen?

Schwieriger wird es mit der folgenden Aufgabe, da sie sich nicht so leicht ins Deutsche übertragen läßt. Wir wollen sie Ihnen aber nicht vorenthalten. Hier ist es nicht nötig, jemand erst in die Irre zu führen; Sie können die bereits vorhandenen Denkmechanismen ausnützen. Sie sollen im folgenden Satz die Satzzeichen setzen, so daß er einen Sinn ergibt: TIME FLIES I

CANT THEYRE TOO FAST. (Die Zeit fliegt ich kann nicht sie sind zu schnell.) Die meisten Leute werden sofort die fehlenden Satzzeichen einsetzen, aber dann werden sie enttäuscht. Sehen Sie, wie einfach es ist, wenn Sie Ihr Denken erst einmal frei machen (die Anführungszeichen sind eine zusätzliche Feinheit, um das Verständnis zu erleichtern): »Time flies.« »I can't.« »They're too fast.« Ergibt noch keinen Sinn? Sehen Sie noch mal hin. Das Problem ist, daß Sie vertraut sind mit dem Klischee »Time flies« (Die Zeit fliegt). In diesem Ausdruck ist »time« das Subjekt und »flies« ein Verb, Ihre Erfahrung sagt Ihnen, daß es so sein muß. Es muß aber nicht. Lesen Sie den Satz nochmal, aber diesmal betrachten Sie bitte »time« als Verb und »flies« als Objekt; dann heißt es nämlich: »Messen Sie die Geschwindigkeit von Fliegen!« Trickreich? Nur wenn Sie darauf bestehen, einmal festgesetzte Strukturen in Ihrem Kopf beizubehalten. Wie gesagt, das Beispiel läßt sich so nicht ins Deutsche übernehmen. Ihrer Phantasie sind aber keine Grenzen gesetzt, es zu versuchen. Wir fühlen uns dabei erinnert an den mittlerweile »klassischen« Satz: »Zehn Finger hab' ich an jeder Hand fünfundzwanzig an Händen und Füßen«, der, richtig interpunktiert, natürlich so heißen muß: »Zehn Finger hab' ich, an jeder Hand fünf, und zwanzig an Händen und Füßen.«

Wenn Sie glauben, diese geistigen Purzelbäume hätten im wirklichen Leben wenig Wert, dann versuchen Sie doch mal, besser aufzupassen, zum Beispiel bei der Fernsehwerbung. Wenn der Sprecher Ihnen erzählt, daß eine bestimmte Sorte Toilettenpapier mehr Blätter pro Rolle hätte als die führende Konkurrenz, dann sagt er die Wahrheit. Die Voraussetzung ist hier, daß *Sie* annehmen, – weil es stillschweigend unterstellt, aber nicht eigentlich gesagt wird –, daß die Toilettenpapierblätter beider Fabrikate die gleiche Größe haben. Aber wenn Sie die Sorten im Supermarkt vergleichen, werden Sie feststellen, daß in Wirklichkeit die Gesamtmenge genau die gleiche ist, weil eine Sorte zwar mehr Blätter hat, die einzelnen Blätter aber kleiner sind.

Es bietet noch andere Vorteile, wenn Sie Ihren Kopf offenhalten und versuchen, vertraute Dinge auf neue Art zu sehen. Was dabei herauskommt, hat mehrere Namen: Vorstellungskraft, Kreativität, Einsicht, sogar Intelligenz.

Die Predigt, die hier gehalten wird, ist einfach: Welche Rolle auch immer die Vererbung bei der Intelligenz spielen mag, die Umgebung spielt eine zumindest ebenso wichtige Rolle. Der einzige Weg, Ihre Intelligenz zu verbessern, zu entwickeln, beginnt mit dem Entschluß, es zu tun – und der Verwirklichung dieses Entschlusses.

Die meisten Mensa-Mitglieder stimmen dem offenbar zu. Vicky Edwards Gehrt ist freie Journalistin und lebt in Villa Park, Illinois. Sie hat unter ihren Mit-Mensanern eine formlose Umfrage durchgeführt als Grundlage für einen Artikel, und sie hat eine kurze Zusammenfassung davon für dieses Buch vorbereitet. Hier ihr Bericht:

In einer Umfrage, die ich bei 327 Mensa-Mitgliedern durchgeführt habe, bat ich die Teilnehmer, diejenigen Umweltfaktoren zu beschreiben, die sie als für die Entwicklung ihrer Intelligenz am entscheidendsten hielten. Die Antworten liefern viele Hinweise für diejenigen, die sichergehen wollen, daß sie ihr Potential nicht verkommen lassen.

An erster Stelle wurde das Lesen genannt. Viele der Befragten erwähnten besonders, daß ihre Eltern ihnen vorgelesen hätten, als sie noch Kinder waren. Eltern waren auch insofern einflußreich, als sie sie zu Hause mit Lesestoff versorgten, zur Benutzung der öffentlichen Büchereien ermutigten und selbst durch die eigenen Lesegewohnheiten ein Beispiel gaben.

Intelligente Leute neigen dazu, ein Leben lang große Leser zu sein. Sie lesen zur Information und zur Unterhaltung. Obwohl die Lesegewohnheit sich im Idealfall schon in der Kindheit bilden sollte, ist es in jedem Alter möglich, eine Liebe zum Lesen zu entwickeln ... Intelligenz muß genährt werden mit einer ständigen Zufuhr von Zeitungen, Zeitschriften und Büchern.

Mehrere Teilnehmer erwähnten auch persönlichen Antrieb als Intelligenzfaktor. Sie glauben, daß der Wunsch zu lernen lebenswichtig ist, und nehmen jede

Gelegenheit wahr, um ihren Wunsch zu erfüllen. Wenn sie auf einen neuen Begriff stoßen, wollen sie mehr darüber herausfinden; wenn sie ein neues Interessengebiet entdecken, forschen sie darin mit Hingabe, und wenn sie Fragen haben, suchen sie nach Antworten. Als weitere Hinweise auf die Entwicklung der Intelligenz wurden ferner folgende Punkte genannt: Wortspiele und das Lösen von Worträtseln; das Spielen von Strategiespielen; eingeschränkter Fernsehkonsum; ständige Weiterbildung (Unterricht, Fortbildungskurse); kulturelle Aktivitäten (Konzerte, Theater, Museen); Reisen; Hobbies, das Anlegen einer Sammlung sowie die Verfolgung persönlicher Interessen; Kontakt und Konversation mit intelligenten Leuten.

Das scheint den ganzen Komplex recht gut auf den Punkt zu bringen, besonders der Hinweis auf Kontakt und Konversation mit anderen intelligenten Leuten. Wenn Sie sich dadurch angesprochen fühlen, sollten Sie überlegen, ob Sie nicht Mensa beitreten wollen. Die Adresse finden Sie am Ende dieses Buches.

Klassische Klamotten
Kopf an Kopf mit Mensa

Testbeginn _____

Testende _____

Benötigte Zeit _____

Hier folgt nun eine Sammlung von altvertrauten Rätseln und Denkaufgaben, die Sie in der einen oder anderen Form gewiß schon seit Jahren kennen. An wieviele können Sie sich noch erinnern? Und wenn Sie sich nicht mehr erinnern – können Sie sie trotzdem lösen?

1. Ein Mann hätte gern einen sehr schnell wachsenden Baum. Er kauft den Samen einer bestimmten Sorte von Bäumen, die ihre Höhe jeden Tag verdoppeln. Am zehnten Tag ist der Baum zwei Meter hoch. Am wievielten Tag war er fünfzig Zentimeter hoch?

2. Eine Schnecke klettert aus einem Brunnen heraus. Der Brunnen ist zwei Meter tief. Jeden Tag klettert die Schnecke dreißig Zentimeter hoch, und jede Nacht rutscht sie wieder zwanzig Zentimeter zurück. Wieviel Tage braucht sie, um aus dem Brunnen herauszukommen?

3. Ein Mann bindet sein Boot bei Flut im Hafen an. Eine Leiter ist am Boot befestigt, von der man drei

Sprossen sehen kann. Die Sprossen sind vierzig Zentimeter auseinander. Bei Ebbe sinkt der Wasserspiegel um fünf Meter. Wieviele Sprossen der Leiter kann man jetzt sehen?

4. Wenn zwölf 10-Pfennig-Marken auf ein Dutzend gehen, wie viele 20-Pfennig-Marken sind dann im Dutzend?

5. Ein Kind ist bei einem Unfall verletzt worden und wird ins Krankenhaus gebracht. Doktor Müller sieht das Kind und ruft: »Ich kann es nicht behandeln. Das ist mein Sohn.« Wir aber wissen, daß Doktor Müller nicht der Vater des Kindes ist. Wie erklären Sie das?

6. Beim Familientreffen kommen zwei Väter, zwei Mütter, ein Großvater, eine Großmutter, zwei Söhne und ein Enkel zusammen. Es sind aber nur fünf Personen da. Wieso?

7. Sie sind sehr müde und gehen um 8 Uhr abends zu Bett. Am nächsten Morgen haben Sie eine wichtige Verabredung um 10 Uhr und wollen nicht verschlafen. Sie ziehen den Wecker auf und stellen ihn auf 9 Uhr. Wie viele Stunden werden Sie schlafen?

8. Ihr Arzt gibt Ihnen sechs Tabletten und sagt, Sie sollten jede halbe Stunde eine nehmen. Wie lange dauert es, bis Sie die Tabletten aufgebraucht haben?

9. Wieviele Monate haben 28 Tage?

10. Wieviele Paare von Tieren nahm Moses mit in die Arche?

11. Was ist der nächste Buchstabe in dieser Reihe?

E Z D V F S S A N ?

12. Sie haben zwei Bleistifte, einen guten und einen billigen. Der gute kostet eine Mark mehr als der billige. Für beide haben Sie 1,10 DM ausgegeben. Wieviel kostete der billige?

13. Sie schneiden ein 1,20 m langes Brett in 10 cm lange Stücke. Wieviele Schnitte müssen Sie machen? (Aufeinanderstapeln ist nicht erlaubt.)

14. Eine Fliege fliegt zwischen zwei Jungen auf Fahrrädern hin und her, die mit 10 km Stundengeschwindigkeit aufeinander zu radeln. Die Fliege erreicht einen Jungen, dreht sich um und fliegt sofort zum andern Jungen zurück, und wiederholt das die ganze Zeit. Die Fliege fliegt mit 60 km in der Stunde. Die beiden Jungen treffen sich nach 30 Minuten. Wieviele Kilometer ist die Fliege in dieser Zeit geflogen?

15. Sie fahren allein in einer dunklen Nacht und kommen durch den Ort Hundshausen. (Sie sehen den Namen am Rathaus.) Nach einer halben Stunde gelangen Sie an eine Straßenkreuzung. Es geht in fünf Richtungen, aber das Straßenschild ist herausgerissen, und Sie können nicht erkennen, wie es früher gestanden hat. Wie können Sie herausfinden, welcher Weg nach Kreuzhausen führt, wo Sie hinwollen?

16. In höchstens 30 Sekunden sollen Sie die Zahl berechnen, die doppelt so groß ist wie die Hälfte von 99.637.543.667.345.

17. Ein sehr schneller Zug fährt von A nach B in eineinviertel Stunden. Auf der Rückfahrt braucht er nur 75 Minuten (bei gleichen Bedingungen). Warum?

18. Welches Wort wird kleiner, wenn Sie Buchstaben hinzufügen?
19. Was war am 6. Dezember 1854?
20. Ein Flugzeug stürzt mitten im Atlantik ab. Wo werden nach internationalem Recht die Überlebenden begraben?

Antworten

Triviales

Warmlauftest
Antworten

1. El Greco, der Maler.
2. Ungarn.
3. Phileas Fogg (und sein Diener, natürlich).
4. Wein.
5. Australien.
6. George Orwell; alle drei sind Schriftstellernamen, aber die anderen beiden sind weiblich.
7. Beide sind Inseln, die zu bestimmten Zeiten durch die Flut vom Festland abgeschnitten sind, und auf beiden befindet sich eine Kirche.
8. Vor der Küste von Neufundland, Kanada; sie gehören zu Frankreich.
9. »Frau Holle« oder »Goldmarie und Pechmarie.«
10. Die Richter-Skala.
11. Bäume. Es gibt Sequoias, die mehrere tausend Jahre alt sein sollen.
12. Alaska. Es ist der östlichste und auch der westlichste Staat, denn die internationale Datumsgrenze geht mitten hindurch.
13. Brasilia.

14. Nach dem irischen Gutsverwalter Captain Boy-kott, der sich weigerte, die Pachtzinsen herabzu-setzen.
15. In Lake Success, New York.
16. Ihre Frau.
17. Wahrscheinlich ja; ein Lykanthrop ist ein Werwolf.
18. Das Fest von St. Stephan.
19. Kenia.
20. Ursa Major.
21. Aphrodite.
22. Durch den Bau des Suez- und des Panamakanals.
23. An der Westküste zwischen Kanada und USA.
24. 7 Uhr früh.
25. Im Süden von New Jersey.

Triviales

Mensa-Test
Antworten

Hinter jeder Antwort ist ein Wert angegeben, der zeigt, wieviel Prozent der Mensa-Mitglieder diese Frage richtig beantwortet haben. Geben Sie sich einen Punkt für jede richtige Antwort. Wenn Sie eine Frage beantworten, die von weniger als 15 % der Mensa-Mitglieder beantwortet wurde, geben Sie sich einen Extrapunkt. Die durchschnittliche Anzahl der richtigen Antworten lag bei den Mensa-Mitgliedern bei 12. Es wurde eine Durchschnittszeit von sieben Minuten gebraucht.

1. Voltaire (33 %).
2. Francisco Pizarro (55 %).
3. Süßer weißer Wein (33 %).
4. In London (41 %).
5. In Finnland (10 %).
6. Beide haben Stummelflügel und können nicht fliegen (48 %). (Der Dodo ist ausgestorben.)
7. Ein dreiteiliges Gemälde (55 %).
8. Cellini. Er war Bildhauer und nicht Maler (37 %).
9. Schmerz. Er wird in Dol gemessen (17 %).

10. Vor der Zahl 13 (72 %).
11. Henry VIII. Sie war Catharina von Aragon, seine erste Frau (52 %).
12. Mark Twain (93 %).
13. Styx (85 %).
14. Portugal, obwohl zu Lusitania auch ein Teil von Spanien gehörte (10 %).
15. Henry Fords erfolgreiches Automodell, auch als T-Modell bekannt.
16. Dynamit, Sprengstoff (83 %).
17. Guernsey, Jersey, Alderney, Sark und Herm (31 %).
18. Starker, fester Baumwollstoff, ursprünglich »Serge de Nîmes«.
19. Bogenschießen (72 %).
20. Heraldik oder Wappenkunde (86 %).
21. Spinat (50 %).
22. PT (33 %).
23. Südost (59 %).
24. Zu Dänemark (obwohl seit kurzem in einigen Legislaturbereichen selbständig) (55 %).
25. Nil.

Wortschatz

Warmlauftest
Antworten

1. c) Sowjetische Insel an der Küste Ostasiens.
2. d) Heidentum (auch heidnische Bestandteile im christlichen Glauben).
3. c) Englische Goldmünze im Wert von 1 Pfund Sterling.
4. d) Veraltet für: Bittsteller.
5. c) Das Herrschergeschlecht betreffend (Dynastie).
6. b) Vornehm, herrschaftlich, das mittelalterliche Lehnswesen betreffend.
7. b) Etwas ohne Vorbereitung, aus dem Stegreif tun.
8. b) Umgestaltung, Verwandlung (z. B. in der Biologie von der Larve zum Schmetterling).
9. a) Heftiger Anfall, höchste Steigerung einer Krankheit. Auch: höchste Tätigkeit eines Vulkans.
10. e) Launenhaft, eigenwillig.
11. d) Ungebildet, ungehobelt, zum gemeinen Volk gehörend.
12. c) Veraltet für: Unbilligkeit, Härte.
13. b) Anspruchsvoll, anmaßend, selbstgefällig.

14. b) Wirklich vorhanden.
15. d) Störung, Beunruhigung.
16. c) Widerrechtlich die Herrschaft an sich reißen.
17. b) Rahmenartige Einfassung bei Fenstern und Türen.
18. e) Genaue Einstellung von Geräten und Maschinen.
19. a) Entschlossen, beherzt, durchgreifend, zupakkend.
20. b) Von einem geographischen Begriff abgeleiteter Name (z. B. ein Kölner).

Wortschatz

Mensa-Test
Antworten

Wiederum zeigen die Zahlen in Klammern hinter jeder Antwort den Prozentsatz von Mensa-Mitgliedern, die richtig geantwortet haben. Der Durchschnitt in diesem Test lag bei achtzehn Richtigen. Die Durchschnittszeit betrug fünf Minuten. 22 Prozent der Mensa-Mitglieder hatten alles richtig.

1. c) Etwas unsystematisch oder bunt Zusammengewürfeltes, ein Gemisch (96 %).
2. c) Stockung, Stauung, Stillstand (100 %).
3. b) Beredt (96 %).
4. d) Ein Zischlaut (75 %).
5. b) Unecht, von zweifelhaftem Ursprung (56 %).
6. c) Spannungsregler (i. d. Elektrotechnik).
7. e) Abtragung der Küste durch Meeresbrandung.
8. b) Gegensatz, Gegnerschaft (100 %).
9. c) Quacksalber, Kurpfuscher (88 %).
10. c) Taschenspielertrick, Zauberkunststück (96 %).
11. a) Inbegriffen, eingeschlossen (96 %).
12. d) Vorherrschaft eines Staates, Vormachtstellung (70 %).

13. a) Stadtrand, Rand (96 %).
14. b) Verkörperung, Menschwerdung eines göttlichen Wesens.
15. c) Altertümlich, veraltet (100 %).
16. b) Bewegend, die Bewegung betreffend (100 %).
17. e) Streng päpstlich gesinnt.
18. a) Geldherrschaft (78 %).
19. b) Vorrecht (93 %).
20. e) Lichterscheinung, die nicht durch erhöhte Temperatur bewirkt wird (kaltes Leuchten) (93 %).

Analogien

Warmlauftest
Antworten

1. b) 16, nämlich 4 mit sich selbst multipliziert; oder
   c) 24, zweite Ziffer identisch, erste die Hälfte davon.
2. b) Boden – oben und unten.
3. c) Kugel – drei- und zweidimensional.
4. d) Zeughäuser, wo Waffen aufbewahrt werden.
5. b) Arbeit – Belohnung für eine Anstrengung in beiden Fällen.
6. d) Regen – das Wort umgekehrt gelesen.
7. c) Essen.
8. a) Umgekehrt und ohne Farbe.
9. a) Fluß; in beiden Analogien bezeichnet das erste Wort den Ursprung des zweiten.
10. b) Japan – das Zeichen steht für den japanischen Yen.
11. b) Golf.
12. c) Landkarten.
13. a) Getreide.
14. c) Tal – die zweite Analogie umfaßt natürliche Höhlungen und Löcher, die erste solche, die von Menschenhand geschaffen wurden.

15. c) Schalentiere.
16. c) Erde.
17. b) Falte – ein Anagramm (Buchstabenversetz-spiel).
18. b) London.
19. c) Merkur; Zeus und Hermes sind griechische Götternamen, Jupiter und Merkur deren römisches Gegenstück.
20. b) Flugzeuge.

Analogien

Mensa-Test
Antworten

Der Wert hinter jeder Antwort zeigt die Prozentzahl der Mensa-Mitglieder, die diese Frage richtig beantwortet haben. Keiner erreichte die volle Punktzahl. Der Durchschnittswert lag bei fünfzehn richtigen Antworten. Die Durchschnittszeit betrug knapp über zehn Minuten. (Die höchste Punktzahl, neunzehn Richtige, wurde in drei Minuten erreicht!)

1. c) Beide wachsen auf Bäumen, während Kartoffeln und Erdnüsse beide unter der Erde wachsen (71%).
2. b) Im zweiten Paar sprechen beide Portugiesisch, während im ersten Paar beide spanisch sprechen (86%).
3. c) 32° ist der Gefrierpunkt auf der Fahrenheit-Skala, wie 0° auf der Celsius-Skala (86%).
4. e) Pesetas sind die Währung in Spanien, Drachmen in Griechenland (34%).
5. d) Beide sind die Umkehrung des ersten Wortes (67%).

6. d) Das erste Paar sind Speisen, die nach Menschen benannt wurden, beim zweiten Paar handelt es sich um Maßeinheiten, die Menschennamen tragen (10 %).

7. b) Laub bezieht sich auf Blätter (87 %).

8. c) Die Zahl in der dritten Potenz: $2\times2\times2$ ergibt 8, $5\times5\times5 = 125$ (81 %).

9. e) Das Jahr, in dem eine Revolution stattfand (33 %).

10. a) Das erste Paar enthält die beiden ersten Vokale, das zweite die ersten Konsonanten im Alphabet (20 %).

11. d) Eine Kasserolle ist ein kleiner Stielkochtopf (57 %).

12. c) Beides sind berühmte Fernsehtiere (81 %).

13. a) Töpfer.

14. e) Istanbul ist der neue Name für Konstantinopel wie Sri Lanka der neue Name für Ceylon (80 %).

15. a) Margaret Mitchell schrieb „Vom Winde verweht" (80 %).

16. c) Jedes ist Teil eines größeren Gebildes (80 %).

17. b) Sie gehören zur gleichen Familie (14 %).

18. d) Carter war vor Reagan und Roosevelt vor Truman Präsident der USA (71 %).

19. d) Beide waren Wissenschaftler, der eine auf dem Gebiet der Astronomie, der andere auf dem des menschlichen Gehirns (67 %).

20. b) Obere und untere Zeile sowie rechts und links vertauscht (89 %).

Mathematik, Beweisführung und Logik

Warmlauftest
Antworten

1. James war erster, gefolgt von John, Walt, Will und Joe.
2. Er sagte: »Ich werde erschossen.« Wenn er erschossen würde, wäre es die Wahrheit und wenn sie ihn hängen würden, wäre es eine Lüge. So ließen sie ihn frei.
3. 9 DM; rechnen Sie's Schritt für Schritt!
4. Sallys Schwiegersohn.
5. 14; rückwärts im kleinen Einmalsieben.
6. 10 Meilen; 5 Meilen je Vokal im Wort.
7. 40 g oder ein Drittel des Gesamtgewichts.
8. Die zweite weiße Figur, aber mit der Spitze nach oben. Das Muster beginnt mit drei schwarzen Sternen, die sich mit den weißen Figuren abwechseln; dann beginnt es von neuem mit denselben Figuren, die nun auf dem Kopf stehen.
9. Patty, weil alle anderen Spieler sie gewöhnlich besiegen, oder sie besiegen jemanden, der gegen Patty gewinnt.
10. Rest. Man nimmt die ersten beiden Buchstaben des ersten und die ersten zwei des zweiten Wortes.

11. Nehmen Sie einen Socken aus dem Kasten mit der Aufschrift »Rot und Grün«. Sie wissen ja, daß alle Kästen falsch beschriftet sind, so daß der Kasten »Rot und Grün« keine zwei Farben enthalten kann. Wenn die Socke grün ist, heften Sie das Schild »Grün« an den Kasten und tauschen die beiden anderen Schilder aus. Wenn die Socke rot ist, befestigen Sie das Schild »Rot« und vertauschen die beiden anderen.

12. 8 und 9 kommen beide unter die Linie. Ziffern aus runden Linien stehen unter dem Strich, solche aus geraden Linien darüber.

13. Nicht zu entscheiden; »manche« heißt ja auch »manche nicht«.

14. Setzen Sie den Kreis in die linke untere Ecke, dann muß Ihr Gegner verlieren.

15. 4 und 9. Es sind eigentlich zwei Zahlenreihen. Eine beginnt mit 1 und setzt sich in jeder zweiten Zahl fort, die andere beginnt mit 6 und wächst nach dem gleichen Prinzip.

16. Sie verlor Geld. Aus den Angaben wissen wir, daß eine Dose 500 DM, die andere 750 DM gekostet hat, zusammen also 1250 DM. Sie verkaufte sie für 1200 DM, verlor also 50 DM.

17. Die Gebäude stehen zusammen. Zeichnen Sie's ruhig auf. Ärgern Sie sich nicht, wenn Sie's nicht gewußt haben. Ein junger Physiker, der später den Nobelpreis gewann, hatte 60 m errechnet und dazu noch eine mathematische Formel eingesetzt.

18. Philip. Sie sitzen in dieser Ordnung: John, Philip, Sally, Gerald.

19. Er ging 50 Minuten, das Taxi sparte 10 Minuten hin und 10 Minuten zurück.

20. 27 Äpfel und Orangen.

Mathematik, Beweisführung und Logik

Mensa-Test Antworten

Die Zahlen hinter jeder Antwort geben den Prozentsatz von Mensa-Mitgliedern an, die diese Frage richtig beantwortet haben. Der Durchschnitt lag bei zwölf richtigen Antworten. Die Durchschnittszeit betrug 27 Minuten.

1. 40 Kilometer in der Stunde (Die Frage ist etwas irreführend. Sie dürfen nicht die Zeit addieren und durch zwei teilen. Sie wissen, daß der Mann hin und zurück 60 km zu fahren hatte und daß er dafür 90 Minuten brauchte. Das führt Sie auf die richtige Antwort.) (65 %)

2. Sie fragen jeden: »Was würde der andere Mann sagen, welche Straße sicher ist?« und nehmen die entgegengesetzte. Wenn Sie den Lügner fragen, wird er Ihnen die unsichere Straße nennen, weil der Wahrheitsliebende die sichere gesagt hätte. Wenn Sie den fragen, der die Wahrheit sagt, wird er Ihnen wahrheitsgemäß sagen, daß der Lügner die unsichere Straße gesagt hätte. In jedem Fall werden also

beide die unsichere Straße nennen, und Sie nehmen die andere (25 %).

3. Sieben. Der erste Käufer bekommt dreieinhalb plus ein halbes, also vier Pferde. Der zweite bekommt die Hälfte der übrigen, also eineinhalb plus ein halbes, d. h. zwei Pferde. Ein Pferd bleibt übrig, davon bekommt der letzte Mann die Hälfte und ein halbes, also ein Pferd. Die Aufgabe ist leichter, wenn Sie vom Ende anfangen und rückwärts rechnen (45 %).

4. $0 + 1 + 2 - 3 - 4 + 5 + 6 - 7 - 8 + 9 = 1$. Vielleicht gibt es noch andere Lösungen. Wenn Ihre Antwort richtig ist, haben Sie auf jeden Fall ein dickes Lob verdient (55 %).

5. 120 DM – der Wert der zwei falschen Geldscheine (55 %).

6. 17, 37, 46 (80 %).

7. 48 DM (35 %).

8. Freitag. Sie müssen nur die Tage ausstreichen, die nicht in Frage kommen. (80 %)

9. 3 – eins für jeden Vokal. (25 %)

10. 8. Es sind zwei ineinander verschränkte Zahlenreihen, die beide mit Null beginnen. Die eine lautet 0, 1, 2, 3, 4; die andere 0, 2, 4, 6, 8 (20 %).

11. Drei Neuner kommen in Frage; 3 multipliziert mit 6 macht 18 (50 %).

12. c) (90 %)

13. 252 DM (60 %).

14. 1440. Die erste Zahl in der Reihe wird mit minus 2 multipliziert, die zweite mit minus 3, die dritte mit minus 4 usw. (70 %).

15. Sie ist eine Lügnerin. Kein Lügner würde von sich behaupten, daß er ein Lügner sei, daher sagt sie nicht die Wahrheit (55 %).

16. 6 DM. Der Ladenbesitzer nimmt eine Mark pro Buchstabe des Artikels, den Sie kaufen (35 %).

17. Sechsundzwanzig Minuten (35 %).

18. Seine Hausnummer (30 %).

19. 240 (85 %).

20. 31. Verdoppeln Sie jede Zahl und addieren Sie eine 1 (85 %).

Klassische Klamotten

Warmlauftest
Antworten

1. 24. Ein Teenager kann eine Pizza in eineinhalb Tagen essen, oder zwei Pizzas in drei Tagen.
2. Nur bis zur Mitte. Danach läuft der Hund aus dem Wald heraus.
3. Sie lassen beide Uhren anlaufen und legen nach sieben Minuten das Ei ins Wasser. Nach Ablaufen der restlichen vier Minuten auf der Elf-Minuten-Uhr drehen Sie diese um. Am Ende ist das Ei genau fünfzehn Minuten im Wasser.
4. Lassen Sie sich das Haar bei dem schlampigen Friseur schneiden. Er ist es nämlich, der dem ordentlichen Friseur den tadellosen Haarschnitt verpaßt hat.
5. Natürlich. Zum Beispiel könnte ihr Vater 50 Jahre alt sein, und der Vater ihrer Mutter (ihr Großvater) ebenso. (Ihre Mutter ist offenbar viel jünger als ihr Vater.)
6. Nur drei. Wenn Sie drei Socken herausnehmen, haben Sie garantiert ein Paar.
7. 12 111.

8. Er muß etwas Luft aus den Reifen herauslassen. Dann wird der LKW niedriger.

9. Sie, dans de Fiß da weg,
Sie Lackel, Sie damischer!

10. Eine davon ist ein Groschen: Ein 50 Pfennig- und ein 10 Pfennig-Stück.

11. Jim hatte »hatte« gehabt, wo Bill »hatte gehabt« gehabt hatte. »Hatte gehabt« hatte es heißen müssen.

12. $6\frac{1}{2}$ cm. Stellen Sie die Bände aufs Regal und schauen Sie sich's an. Wenn der Wurm außen an der Titelseite des Einbands von Band I beginnt und sich durch Band II hindurchfrißt, hat er die Seiten von Band I gar nicht berührt. Band II ist mit Einband 6 cm dick, der Wurm würde dann noch den Einband von Band III fressen, also noch $\frac{1}{2}$ cm.

13. 210. Wenn Sie eine Zahl durch $\frac{1}{2}$ teilen, verdoppeln Sie sie.

14. Die Wahrscheinlichkeit, daß der Kopf oben ist, ist eins zu eins. Eine Münze hat kein Gedächtnis.

15. Weiß. Er war am Nordpol, wenn er nur nach Süden gehen konnte, und der Bär war ein Eisbär.

16. Eine echte Münze kann nicht mit »v. Chr.« beschriftet sein; »v. Chr.« heißt »vor Christus«, und natürlich wurden keine Münzen geprägt mit der Bezeichnung des Geburtsjahres von jemand, der noch gar nicht geboren war.

17. Er ist ein Liliputaner und kommt nicht an den Knopf für den 18. Stock.

18. Er fühlt nach dem Papierstreifen mit den zwei gerissenen Rändern, auf dem sein Name steht.

19. Der arme, aber kluge Ritter zerreißt den Zettel, den er herausnimmt, und reicht den anderen dem König. Da auf dem unversehrten Zettel »Tod« steht, erklärt der Ritter, ist es offensichtlich, daß auf dem zerrissenen »Heirat« gestanden haben muß.

20. Sie sparen 1 Pfennig, es sind 19,99 DM.

Klassische Klamotten

*Mensa-Test
Antworten*

Bei jeder Antwort steht in Klammern eine Prozentzahl. Das ist der Prozentsatz der Mensa-Mitglieder, die die jeweilige Frage richtig beantwortet haben. Die durchschnittliche Anzahl von richtigen Antworten war 17. Die durchschnittliche Zeit dafür lag bei 14 Minuten. Von allen Mensa-Mitgliedern, die den Test absolvierten, hatten nur 6 % alle Antworten richtig.

1. Am achten Tag. Wenn der Baum seine Höhe jeden Tag verdoppelt, war er am neunten Tag einen Meter hoch und am achten Tag fünfzig Zentimeter. (84 %)
2. Achtzehn Tage. Am achtzehnten Tag erreicht die Schnecke die 2-Meter-Marke und kriecht raus. Sie muß nicht mehr zurückrutschen (56 %).
3. Die gleiche Anzahl Sprossen, solange das Boot schwimmt (94 %).
4. 12, wie in jedem Dutzend (98 %).
5. Doktor Müller ist eine Frau, nämlich die Mutter des Kindes (94 %).

6. Großvater, Großmutter, Sohn, Schwiegertochter und Enkel. Großvater und Sohn sind beides Väter, Großmutter und Schwiegertochter sind auch Mütter, Sohn und Enkel sind beides Söhne (91 %).

7. Der Wecker wird um neun Uhr klingeln, eine Stunde, nachdem Sie ihn gestellt haben (97 %).

8. Zweieinhalb Stunden (97 %).

9. Alle Monate haben 28 Tage, die meisten haben aber mehr (94 %).

10. Noah, nicht Moses! (95 %)

11. Z für Zehn. Die Folge ist Eins, Zwei, Drei usw. (84 %).

12. Fünf Pfennig. Der teure Bleistift kostete 1,05 DM. Wenn Sie dachten, die Antwort wäre 1 DM und 10 Pfennig, dann erfüllt das nicht die Bedingung. 1 DM ist nicht 1 DM mehr als 10 Pfg. Es sind nur 90 Pfg mehr (84 %).

13. Elf Schnitte (91 %).

14. Die Fliege fliegt 30 km. Keine der Angaben ist wichtig, außer daß die Fliege mit einer Geschwindigkeit von 60 Stundenkilometern fliegt und daß sie eine halbe Stunde unterwegs ist. Deshalb fliegt die Fliege 30 km weit (71 %).

15. Sie heben das Straßenschild auf und drehen es so, daß das Schild »Hundshausen« in die Richtung zeigt, aus der Sie gekommen sind. Dann zeigen die übrigen Schilder automatisch in die richtige Richtung (53 %).

16. 99.637.543.667.345. Wenn Sie die Hälfte irgendeiner Zahl nehmen und sie verdoppeln, dann erhalten Sie wieder die ursprüngliche Zahl (91 %).

17. Eineinviertel Stunden sind 75 Minuten, da ist kein Unterschied (84 %).
18. Klein (87 %). (Es gab einige kluge Antworten wie beispielsweise »Meter« und »Millimeter«. Wenn Ihnen sowas eingefallen ist, geben Sie sich einen Extrapunkt!)
19. Nikolaus (91 %).
20. Nirgends. Überlebende werden nicht bestattet (69 %).

Der IQ –
Was er ist und was er
nicht ist

Es gibt wahrscheinlich keinen psychologischen Begriff, der mehr gebraucht, aber auch mißbraucht wird, als der des IQ. Eine kurze Geschichte soll zeigen, warum das so ist.

Vor nahezu hundert Jahren erfand Alfred Binet eine Untersuchungsmethode, um der französischen Regierung zu helfen, Kinder für Sonderschulklassen auszuwählen. Er entwickelte eine Serie von Tests, fand heraus, zu welchen Altersgruppen sie paßten, und leitete daraus eine Skala ab. Wenn z. B. ein vier Jahre altes Kind die Tests für Vierjährige bestand, hatte es einen Intelligenzquotienten von 100. Diesen berechnete man, indem man sein geistiges Alter (g. A.) durch sein chronologisches Alter (c. A.) teilte. Wegen der Formel $(gA/cA) \times 100 = IQ$ wurde das Resultat Intelligenzquotient genannt.

Dieses Verfahren funktionierte zwar einige Jahre lang, aber es war schon zu Beginn offensichtlich, daß es viele Probleme gab. Ein drei Jahre altes Kind zum Beispiel, das die Tests für Sechsjährige besteht und somit einen IQ von 200 haben müßte, kann in Wirklichkeit nicht all das, was ein sechs Jahre altes Kind schon kann. Wenn es sich um ältere Teenager handelt, können die Resultate ebenfalls nicht auf diese Art errechnet werden, weil es schwierig ist, intellektuelles Wachstum im Erwachsenenalter zu messen. Die meisten Menschen erreichen wohl in der Entwicklung ihres Urteilsvermögens, wie auch bei anderen Entwicklungsprozessen, eine Stufe relativer Stabilität. Es wird manchmal behauptet, dies trete mit 13 oder 14 Jahren ein, weshalb man oft die Meinung hören kann, bestimmte Filme oder Bücher seien auf einen durchschnittlichen Dreizehnjährigen abgestimmt. Dahinter steckt aber eine falsche Auslegung dieses Sachverhalts.

Vernunftmäßig können Sie einen Achtzehnjährigen und einen Sechsunddreißigjährigen nach dieser Skala nicht vergleichen. Deshalb überlegten sich die Tester ein neues Konzept: den Abweichungs-IQ. Damit ist einfach gemeint, daß Sie (Ihr Verstand, Ihr Wissen, Ihre Intelligenz) mit anderen Personen Ihrer eigenen Altersgruppe verglichen werden. Wenn Sie zum Beispiel 70 Jahre alt sind, werden Sie mit anderen über 65 verglichen und nicht etwa mit Dreißigjährigen. Ihre Position wird ermittelt relativ zu Ihrer eigenen Gruppe.

Was besagen also die IQ's? Allein besehen, bedeuten sie nichts. Als relatives Maß ist der Intelligenzquotient keine genaue Beschreibung mehr, sondern ein verrostetes, irreführendes Klischee. Deshalb wird der »prozentuale Rang« bevorzugt. Zum Beispiel liegt der erforderliche prozentuale Rang für Mensa bei 98. Das bedeutet, daß 98 von 100 Personen bei einem bestimmten Test ein schlechteres Ergebnis haben müßten.

Aber auch hier ist eine wichtige Warnung angebracht: Selbst der Begriff Intelligenz und wie sie gemessen werden sollte, ist seit einiger Zeit stark umstritten. Gibt es die reine Intelligenz überhaupt? Und wenn ja, wird sie durch Intelligenz-Tests gerecht gemessen?

Langzeitstudien an mehreren hundert Kindern, die vor etwa 50 Jahren auf »Genie-Niveau« eingestuft worden waren, haben gezeigt, daß gute Ergebnisse bei einem IQ-Test Schulerfolg voraussagen. Die Kinder, inzwischen freilich ältere Erwachsene, die fortlaufend beobachtet wurden, haben im weiteren Leben überdurchschnittliche akademische Erfolge erzielt. Sie lagen auch in anderen Bereichen, etwa denen körperlicher Gesundheit und finanziellen Erfolgs, weit über dem Durchschnitt. Nicht alle dieser Hochbegabten aber haben den gleichen Erfolg gehabt. Der Grund ist klar. Ein IQ-Test mißt keinerlei Faktoren wie eigenen Antrieb, Ausdauer, Kreativität oder irgendeine der tausend anderen Begabungen, die oft mehr für den Erfolg außerhalb der Schule zählen. Ein niedriger IQ-Testwert verkündet nicht zuverlässig den Mißerfolg im Leben. Er bedeutet lediglich, daß die Person, die den Test machte, in diesem speziellen Test schlecht abgeschnitten hat. Die meisten von uns verbringen ihr Leben nicht in Situationen, die mit Papier-und-Bleistift-Tests gemessen werden können. Weil das aber so ist, sollten die Ergebnisse solcher Tests mit einiger Zurückhaltung betrachtet werden, wenn sie sehr hoch liegen, und mit etwas Skepsis, wenn sie besonders niedrig liegen. Sie messen nur einen Aspekt im Gesamtbild eines Lebens.

Mensa-Mini-Test

Wie klug sind Sie nun wirklich? Viel Spaß mit diesem Mensa-Mini-Test. Sie können die Antworten mit der Auflösung auf Seite 137 vergleichen.

1.

□ verhält sich zu ○

wie ⬡ zu

a)   b)   c)   d)

2. Sie hören die Aussage: »Sieh zu, daß du das Problem löst, sonst werd' *ich* das für Dich tun!« Suchen Sie die zwei Personen heraus, die hier am ehesten gemeint sind.

   a) Doktor und Patient
   b) Prüfer und Testkandidat
   c) Vater und Sohn
   d) Rechtsanwalt und Klient

3. Finden Sie *ein* Wort, das das rechte Wort in einem Sinn und das linke in einem anderen Sinn ersetzen kann.

   hart _____ Feier

4. Wenn $M \times E = 6$, $N \times S = 20$, $E \times S = 15$, $E \times N = 12$, $S \times A = 30$, dann ist $M \times E \times N \times S \times A = ?$

5. Alex, Allan, Carol, Celia und Sharon machten einen Intelligenztest. Celias Testwert lag höher als Carols, Allans war höher als Celias, und Carol war besser als Alex. Sharon war schlechter als Allan. Daraus folgt:

   a) Celia hat mehr Punkte als Alex, aber weniger als Carol.
   b) Alex und Allan waren beide besser als Celia.
   c) Celia hatte einen größeren Vorsprung vor Alex als vor Carol.
   d) Sharon war besser als Carol.
   e) Keiner dieser Sätze.

6. Was gehört normalerweise nicht in diese Reihe? Zeichnung, Gleichung, Paragraph, Gedicht

7. 3 verhält sich zu 9 und 18 wie 2 zu 8 und   ?

8. Alle Mensaner, die in Schnakenburg wohnen, haben einen beaufsichtigten Intelligenztest absolviert, um Mitglieder zu werden. Der Friseur von Schnaken-

burg hat sich für Mensa durch einen Schulleistungstest qualifiziert.

a) Der Friseur sollte aufgefordert werden, auch den beaufsichtigten Test zu absolvieren.

b) Der Friseur wohnt nicht in Schnakenburg.

c) Der Friseur konnte am überwachten Test nicht teilnehmen, als er stattfand.

d) Der Friseur wohnte früher in Schnakenburg und zog dann weg.

9. Welche der unten stehenden Zeichnungen paßt zu den oberen?

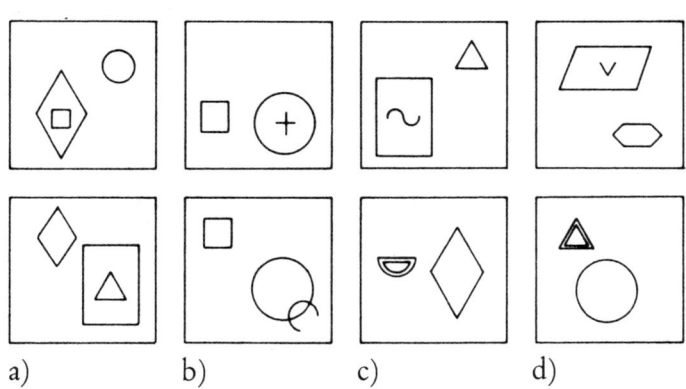

a)   b)   c)   d)

Mensa-Mini-Test

Antwort

6. Zeichnung, **7.** 24, **8.** b, **9.** a.
1. b, **2.** c, **3.** Fest, **4.** 720, **5.** c,

Haben Sie mindestens sechs Fragen richtig beantwortet? Wenn ja, haben Sie recht gut abgeschnitten. Schreiben Sie uns, wenn Sie mehr über uns wissen wollen; die Einzelheiten finden Sie auf der letzten Seite dieses Buches.

Über die Autoren

Abbie F. Salny, Ed. D., ist Psychologin, hat ihre Zulassung im Staat New Jersey und besitzt ein Diplom vom American Board of Professional Psychology. In ihrer Privatpraxis spezialisiert sie sich auf die Betreuung von in Ausbildung befindlichen Ärzten (d. h. solche, die ihr Doktorat erhalten haben, aber noch praktische Erfahrung brauchen) und auf diagnostisches Testen.

Sie ist Professorin im Ruhestand und Vizepräsidentin des Fachbereichs für Psychologie am Montclair State College, New Jersey. Seit 1964 ist sie Mensa-Mitglied und amtiert als leitende Psychologin für die amerikanische wie auch die internationale Mensa. Ihr Mann, Jerome E. Salny, Business Manager im Ruhestand, ist ebenfalls Mensa-Mitglied. Dort haben sie sich übrigens auch kennengelernt.

Marvin Grosswirth war Journalist und Autor von Büchern und Artikeln über eine Vielzahl von Themen, mit einer Vorliebe für Naturwissenschaften, Technologie und Medizin. Er hatte sich Mensa im Jahre 1961 angeschlossen und amtierte die letzten zwölf Jahre ununterbrochen als Public-Relations-Beauftragter dieser Organisation (mit Ausnahme einer zweijährigen Amtszeit als Landesvorsitzender). Er war verheiratet mit Marilyn S. Grosswirth, einer Schriftstellerin, die er bei einer Mensa-Party kennengelernt hatte. Er starb im Jahre 1985.

Wie man Mitglied von Mensa
in Deutschland (MinD) werden kann

Wenn Sie Mensa-Mitglied werden möchten, müssen Sie bei einem beaufsichtigten Test ein Ergebnis erzielen, das Sie über 98 % aller »Intelligenzler« hinaushebt. Sie können dazu zunächst den offiziellen Vortest machen. Diesen erhalten Sie bei Karl M. Schnölzer, Danziger Straße 14, 8205 Kiefersfelden, gegen Vorauszahlung von DM 25,- auf das Konto der MSA (Vortest) bei der Bank für Gemeinwirtschaft, Köln (BLZ 370 101 11), Konto Nr.: 2 360 830 401, oder gegen einen Scheck.

Der Vortest ist, dem internationalen Standard entsprechend, sprach- und vorbildungsunabhängig. Er enthält weder knifflige Fragen noch Rechenprobleme. Der umfangreiche Haupttest kann als Einzel- oder Gruppentest absolviert werden. Wer an einem exakten Persönlichkeitsbild interessiert ist und seine Stärken und Schwächen genau kennenlernen will, vereinbart das am besten mit einem Psychologen seiner Wahl (eine Liste der bei Mensa akkreditierten Psychologen kann bei der MSA angefordert werden). Beim Gruppentest von Mensa erfährt der Proband lediglich, ob er für Mensa qualifiziert ist. Weitergehende Auskünfte sind nach der internationalen Satzung nicht zulässig. Alle Testergebnisse bleiben grundsätzlich geheim. Mensa wird nur davon in Kenntnis gesetzt, ob ein Proband die Voraussetzungen für eine Mitgliedschaft erfüllt.

Mitglied wird man auf Antrag. Aufnahmegebühren werden nicht erhoben. Der Jahresbeitrag orientiert sich an den Kosten und wird jährlich neu festgesetzt (z. Zt. DM 50,-). Darin enthalten ist der Bezug der deutschen Migliederzeitschrift.

Adresse der MSA (Mensa Selection Agency):

Hasso Streger

Wiemelhauser Straße 211

4630 Bochum 1

Wann und wo ein Gruppentest in Ihrer Region stattfindet, erfahren Sie durch die MSA.

Adrions Zauberkabinett
zum Verwundern und Vorführen für jedermann
Von Alexander Adrion. 157 Seiten mit 23 farbigen und 167 einfarbigen Abbildungen und Zeichnungen und mehreren Trick-Beigaben, Leinen mit Schutzumschlag im bedruckten Schuber.
»Wandernde Zähne, verschwindendes Salz, Kartentricks und Münzmirakel – der Magier Alexander Adrion gibt in einem prächtig gestalteten Buch viele Kunststücke preis.«   *Brigitte*

Die Kunst zu ZAUBERN
Mit einer Sammlung der interessantesten Kunststücke zum Nutzen und Vergnügen für jedermann
Von Alexander Adrion. Mit einem Vorwort von Jürgen Becker. 302 Seiten mit 15 farbigen und zahlreichen einfarbigen Abbildungen aus der Sammlung Adrion, dazu etwa 80 Tricks und Erklärung, farbig bedruckten Vorsatzblättern und einer Spielbeilage ›Wie lasse ich einen Zwerg verschwinden?‹, Leinen mit Schutzumschlag
Dieses Buch ist auch als DuMont Taschenbuch, Band 112, lieferbar
»Eine wohlgelungene Mischung von spannenden Berichten aus der Geschichte der Zauberei, von großen Zauberern und Zaubertricks und – im zweiten Teil – von Zauberkunststücken und verblüffenden Tricks, mit denen auch Ungeübte ihre Freunde spielend verblüffen können.«
Frankfurter Rundschau

Das Hexenspiel
150 Finger-Fadenspiele
Von Joost Elffers und Michael Schuyt. 208 Seiten mit mehr als 1000 Fotos und einer Schlinge zum Spielen, kartoniert im Schuber
Dieses Buch ist auch als DuMont Taschenbuch, Band 93, lieferbar
»Das Hexenspiel zeigt, was man bei uns und woanders mit einem Stückchen Schnur alles machen kann.«   *Die Zeit*

DuMont's Kopfzerbrecher
TANGRAM
Das alte chinesische Formenspiel
Von Joost Elffers. Zweisprachige Ausgabe holländisch/deutsch. 240 Seiten mit über 1600 Legebeispielen und Auflösungen und 7 Spielsteinen, kartoniert im Schuber
Dieses Buch ist auch als DuMont Taschenbuch, Band 39, lieferbar

Oktagram
Grafisches Figurenrätsel und Legespiel
Von Ulrich Namislow. 240 Seiten mit einem grafischen ›Vorspiel‹, über 100 Aufgaben mit Lösungen und 8 Spielsteinen, kartoniert (DuMont Taschenbücher, Band 155)

Mathematische Rätsel und Spiele

Denksportaufgaben für kluge Köpfe
117 Aufgaben und Lösungen
Von Sam Loyd. Ausgewählt und herausgegeben von Martin Gardner. 213 Seiten mit 126 einfarbigen Zeichnungen, kartoniert (DuMont Taschenbücher, Band 66)

»Rätselfreunde werden neben (heute) gängiger Kost viele Leckerbissen finden, an denen man sich die Zähne ausbeißen oder Erfolgserlebnisse verbuchen kann. Die meisten Aufgaben sind in Anekdoten gekleidet und mit lustigen Originalzeichnungen von damals illustriert.«

Spandauer Volksblatt, Berlin

Noch mehr Mathematische Rätsel und Spiele

166 Aufgaben mit Lösungen
Von Sam Loyd. Ausgewählt und herausgegeben von Martin Gardner. 228 Seiten mit über 150 Zeichnungen und Diagrammen, kartoniert (DuMont Taschenbücher, Band 85)

»Dieses Buch enthält weitere 166 Aufgaben des berühmten Sam Loyd und die Lösungen in einem farblich abgesetzten Anhang. Die Beiträge sind ebenso vielfältig und unterschiedlich in ihrem Schwierigkeitsgrad wie die Rätsel des ersten Auswahl-Bandes.«

Wiesbadener Tagblatt

Rätsel und Denkspiele mit Seitensprung

Ein Verwirrbuch für Logiker, kluge Köpfe und andere Schlaumeier
Von James F. Fixx. 104 Seiten mit 42 einfarbigen Abbildungen, kartoniert (DuMont Taschenbücher, Band 145)

»An Logiker, kluge Köpfe und andere Schlaumeier richtet sich ein neues Verwirrbuch aus dem DuMont Buchverlag. James F. Fixx hat Denkaufgaben für junge Leute zusammengetragen, die nicht nur durch Tüfteln, sondern eher durch Logik oder ›geistige Gymnastik‹ zu lösen sind. Über die Lösung der Aufgaben hinaus werden so Regeln zur Problemlösung vermittelt.«

Göttinger Tageblatt

Wohnzimmerspiele – alt und neu

Für Feste, Feiern und fröhliche Abende
Von Nora Gallagher. 128 Seiten mit 35 einfarbigen Abbildungen und Spiel-Anleitungen, kartoniert (DuMont Taschenbücher, Band 164)

»Alberne, witzige, außergewöhnliche, knifflige und einfache Spiele sind in diesem Buch gesammelt. Sie werden sehr klar und zum Spiel ermunternd vorgestellt. Amüsant sind sowohl die alten Spiele als auch die neuen.«

Bayerischer Rundfunk/Fernsehen

555 Teekessel

Das doppeldeutige Ratespiel aus Großmutters Zeiten für Alt und Jung mit Witz und Phantasie
Von Eve-Marie Helm. 239 Seiten mit 31 einfarbigen Abbildungen, kartoniert (DuMont Taschenbücher, Band 173)

»Dieses Buch gibt dem Leser 555 vollständig erläuterte ›Mehrfach-Rätsel‹ an die Hand und verweist im Anhang auf noch sehr viel mehr. Durch die besondere Anordnung von Stichworten und Fragen (die Lösungen stehen auf dem Kopf) wird dabei aus diesem Buch nicht nur ein Spielvergnügen für lockerlustige Gesellschaften, sondern man kann es auch ›gegen sich selber spielen‹. Der Schwierigkeitsgrad des Spiels läßt sich nicht zuletzt dadurch steigern, daß man zu Worten mit immer mehr Bedeutungen übergeht. Und auch für Leute, bei denen das Lexikon nicht nur als unbenutzte Prachtausgabe im Bücherschrank steht, kann das Spiel ein unerwarteter Prüfstein ihres Scharfsinns sein.« *Nürtinger Zeitung*

Das Geheimnis des Goldenen Jaguar

Auf abenteuerlicher Schatzsuche im tropischen Dschungel
Mit Scharfsinn, Stift und Schere selbst den Schatz finden
Von Alan Robbins. 192 Seiten mit 119 einfarbigen Abbildungen und Suchbildern im Text, kartoniert (DuMont Taschenbücher, Band 168)

›Das Geheimnis des Goldenen Jaguar‹ entführt den Leser auf eine abenteuerliche Reise in den subtropischen Dschungel von Mittelamerika: Irgendwo im unentwirrbaren, dichten Grün der Wälder soll die Statue eines alten indianischen Gottes in Form eines Jaguars versteckt sein, und ein rätselhafter Unbekannter hat jeder Person, die die geheimnisvolle Statue findet, eine hohe Prämie ausgesetzt. Doch dazu heißt es, die verrätselte Welt des uralten Kryptenvolkes zu erkunden.

Detektive auf dem Glatteis

48 Criminal-Bilderrätsel mit Hintersinn
Listige Abenteuer: Spürsinn und Logik
Von Lawrence Treat. 220 Seiten mit 51 einfarbigen Abbildungen und Lösungen der Rätsel im Anhang, kartoniert (DuMont Taschenbücher, Band 149)

Dieses Buch gibt dem Leser in 48 Bildern mit begleitenden Geschichten ebensoviele Rätsel auf – Criminal-Rätsel, die vom fragwürdigen Unfall bis zur kniffligen (Falsch-?)Aussage einer Mörderbande reichen. In allen Rätseln sind Logik, Spürsinn und ›Gesunder Menschenverstand‹ gleichermaßen gefordert. Um aber den Krimi-Freund und Heimdetektiv doch nicht ganz alleine zu lassen, sind jedem Bild samt seiner Geschichte gezielte Fragen beigefügt, die auf so manches aufmerksam machen, aber auch (Achtung) auf falsche Spuren und damit aufs ›Glatteis‹ führen.

Der Mörder von Miami

Ein Denkspiel für Profis und Amateur-Detektive
222 Seiten mit 4 farbigen und 15 einfarbigen Abbildungen, kartoniert

»Die Pointe bei dieser nostalgischen Ausgrabung, einem nun erstmals deutsch herausgebrachten Krimi von 1936, liegt darin, daß die britischen Autoren Dennis Wheatley und J. G. Links das Beweismaterial komplett vor dem Leser ausbreiten: Wer die Tatort-Photos, die Portraits der Verdächtigen, die Protokolle und Dokumenten-Faksimiles analysiert, weiß genausoviel wie Leutnant Schwab...«   *Der Spiegel*

Der Mord im Landhaus

Ein Denkspiel für Profis und Amateurdetektive
216 Seiten mit 8 farbigen und 13 einfarbigen Abbildungen sowie einer Zeitungsbeilage, kartoniert

»Wer gern Krimis liest und einmal als Detektiv seine grauen Zellen für einen schwierigen Fall in Bewegung setzen möchte, der sollte den ›Mord im Landhaus‹ unter die Lupe nehmen.«   *Österreichischer Rundfunk*

»Krimifreunde können sich mit diesem Buch herrlich amüsieren.«
Süddeutscher Rundfunk

»Ein Schmankerl für Krimi-Freunde. Der Leser wird eingeladen, anhand von Zeugenaussagen, Fotos, abfotografierten Beweisstücken und Gerichtsreportagen selber herauszufinden, wer der armen Cicely Prentice den Gatten durch Gift gemeuchelt hat. Die Lösung dieses altenglischen Kaminzimmer-Krimis ist am Ende des Buches in einem unaufgeschnittenen Teil beigefügt. Eine originelle Art, einen Krimi anzubieten.«   *Abendzeitung München*

Das Geheimnis um Schloß Malinsay

Ein Denkspiel für Profis und Amateur-Detektive
212 Seiten mit 3 farbigen und 32 zweifarbigen Abbildungen sowie einem verschlossenen Lösungsteil, kartoniert

Der Lord von Malinsay ist tot – ein altes Geschlecht stirbt aus: Woran starb der Lord? Und wer tötete seine Erben? Kehrte sich wirklich der Butler gegen seinen Herrn? Oder stammte das Gift von dem geheimnisvollen Fremden? Wessen Handschrift ist auf dem Etikett, und wer schickte die Pfefferminz-Drops? Deckt die hübsche junge Erbin ihren Liebhaber, oder liegt das Geheimnis von Schloß Malinsay in grauer Vergangenheit? Nur ein Tip sei gegeben: Die zweite Lösung unterscheidet sich mehr von der ersten, als man meinen möchte.